JN065478

# どうして戦争しちゃいけないの？

ダニー・ネフセタイ

元イスラエル兵ダニーさんのお話

あけび書房

# 2刷にあたって

２０２３年10月7日、ガザ地区からハマスの戦闘員がイスラエルへ突入し、１日で８００人の一般市民と４００人のイスラエル兵士を殺害しました。

イスラエル軍がこれに対してガザを大攻撃し、１万４０００人の子どもを含めて４万人以上のパレスチナ人を殺害、空爆によってガザ地区の大半を瓦礫の山に変え、ほぼ２００万人の生活の基盤を破壊しました。

この本の２刷りの発行日である２０２４年10月7日は、〝あの日〟から１年というシンボリックな日です。

１年を過ぎた今でもこの状況には終わりが見えていません。見えていないだけではなく、ハマスを応援しているレバノンのヒズボラはイスラエルをドローン、ミサイルなどで攻撃し、イスラエル南部のガザ近辺のほかにイスラエル北部でも数万人の国内難民が発生しています。

一方で、ガザ地区とヨルダン川西岸ではイスラエル軍の武力行為によって毎日のように死者が出ています。１年間におよぶ泥沼状態で怪我人、死者、ＰＴＳＤ患者が増え、憎しみが増え続けています。
全ての理由は、長年にわたるイスラエルによるパレスチナの占領政策だと私は考えています。しかし、長年占領政策を無視し続けてきたリベラル系を含めたイスラエル人の大半が、現在も占領政策を無視し、「人質釈放」のみを叫ぶことが永遠の泥沼状態を作っていることを理解できていません。イスラエルでは、ガザ攻撃の4万人の死ではなく、2023年10月7日のみを「第2ホロコースト」と呼んでいるのです。

2024年10月7日　ハマスによる奇襲攻撃から1年

# はじめに

わたしは日本で、平和な社会をつくるための講演活動をしています。講演を聞きに来てくれるのは、多くの場合、社会問題に関心のある人たちです。すると、どうしても年配の人が多くなりがちです。かれらがいつも嘆くのは、どうして若者は社会運動に参加しないのかということ。若い人たちは何も考えていないという声も聞きます。

でもわたしは、若者たちが社会問題に関心がないとは思いません。わたしは小学校や中学校、高校、大学でも講演をしています。子どもや若者たちは、ちゃんと耳を貸してくれます。自分たちは社会のために何ができるのだろうと考えている若い人たちはたくさんいます。

ものごとが思うようにいかないとき、悪いのは全部相手のせいだと考えるのはとても簡単です。戦争が起こるのは、自分たちだけが正しくて、相手とは対話ができないと考えるからです。わたしたちが、それと同じ道をたどってはいけません。相手は何も知らない、何もわかっていない、と考えた瞬間に、相手を失うことになります。大切なのは、どうやったら一緒にやれるかを考え、アピールの仕方を工夫することです。

わたしはこの本を、中学生以上の若い人たち（もちろんもっと若い人でもいいですし、年配の人でもＯＫです）のためにつくりました。若者たちに、自分たちにも何かできることがあるよ、自分たちの手で幸せな社会をつくれるよという希望を伝えたいと思っています。この本が、今まで知らなかった事実を知り、これから自分がどう行動するかを考える入り口となってくれたらうれしいです。

ダニー・ネフセタイ

## 表紙のイラストについて

イスラエルでよく食べる料理を、イラストレーターのいちろうさんに描いてもらいました。パレスチナにも同じような料理があります。わたしが制作した「ちゃぶ台」で、みんなが仲良く食事できる日がくることを願っています。

# もくじ　どうして戦争しちゃいけないの？　元イスラエル兵ダニーさんのお話

## 第2章　戦争は最大の人権侵害

装画　いちろう
装丁　佐藤　匠（クリエイツかもがわ）
イラスト　佐々木こづえ
マンガ　ママ崎ママ
DTP　小國文男（えでぃっとはうす）
編集／構成　伊藤知代
＊写真はクレジットのあるもの以外は著者提供

# 第1章　パレスチナとイスラエルに平和を

２０２３年10月7日、わたしの祖国イスラエルはイスラム組織ハマスの奇襲を受け、多くの犠牲者を出しました。そしてその報復として、今度はイスラエルがハマスの拠点であるパレスチナ自治区のガザに大規模攻撃をしかけ、連日たくさんのパレスチナ民間人の命が失われています。みなさんもニュースやＳＮＳを通じて知っているでしょう。このような出来事が起こった背景を、わたしの体験もふまえて紹介して、イスラエル人のひとりとして感じていることをお伝えしたいと思います。

## シオニズム運動によるユダヤ人移住

イスラエルは、国の西側が地中海に面している南北約５００キロメートルの国で、南にエジプト、東にヨルダン、北はシリア、レバノンと国境を接しています。面積はイスラエル全体で四国くらい（およそ2・2万平方キロメートル）です。人口は建国以来増え続けていて、２０２２年の人口は約９５０万人でした。

このあたりの土地は、「パレスチナ」と呼ばれ、気候もいいし、農業にも適した豊かな土地でした。主にイスラム教を信仰するアラブ人たちが暮らしていました。その土地に後

イスラエル
約9000キロメートル
日本
レバノン
シリア
ゴラン高原
地中海
パレスチナ自治区
(ヨルダン川西岸)
パレスチナ自治区
(ガザ)
ヨルダン
イスラエル
エジプト

地図１　イスラエル

からやって来たのが、ユダヤ人です。ユダヤ人であるわたしの母方と父方の祖父母は、１９２０年代にそれぞれドイツとポーランドからパレスチナにやってきました。祖父母たちのように、シオニズム運動の一環で移住してきたユダヤ人は１９０４年から１９４８年までのあいだにおよそ31万人にのぼります。

わたしの母方の祖父母。ドイツから移住

わたしの父方の祖父母。ポーランドから移住

シオニズム運動とはなんでしょう。実は、約２０００年前——はるか昔です——、パレスチナの土地にはユダヤ人の王国がありました。ところが73年（１９７３年ではありませんよ！）、ユダヤ人は当時のローマ帝国に大負けして、その土地を追い出されてしまいました。それ以来、ユダヤ人たちは、ヨーロッパや中東などの国々で散り散りに暮らしていました。ただ、自分たちの国をもたないユダヤ人は、たびたび差別や迫害を受けることになりま

す。そのせいで、卑しいとされていた金融業につくユダヤ人も多くいました。時代が変わり、今は銀行や証券会社などの金融業は人気の職業ですけれどね。

　このような状況をなんとかしようと、19世紀後半からヨーロッパのユダヤ人たちを中心に、聖地である「シオンの丘」（エルサレム）に自分たちの国家をつくろうという機運が高まります。そして世界中のユダヤ人から募金を集めて、パレスチナのアラブ人から土地を買い、そこにユダヤ人の農業共同体「キブツ」や「モシャブ」をつくって移住をすすめ

## エルサレムとは

エルサレムはユダヤ教、キリスト教、イスラム教の3つの宗教の聖地です。

　このうち最も古くに成立したのがユダヤ教で、ユダヤ教を母体としてキリスト教がつくられ、さらにユダヤ教とキリスト教の影響を受けてイスラム教ができました。それぞれの宗教にとってエルサレムは特別な聖地です。エルサレムで、イスラム教徒、ユダヤ教徒、キリスト教徒が平和に共存していた時代も長くありました。

上からヘブライ語、アラビア語、英語で書かれた
エルサレム旧市街の標識

ました。これがシオニズム運動です。

シオニズム運動の過程で、今わたしたちがしゃべっているヘブライ語も整備されていきました。長いあいだユダヤ教の儀式の中でのみ使われていた言葉を、日常的に使えるようにしていったのです。ヘブライ語は少しアラビア語に似ていると言えるかもしれません。どちらも右から左に読みます。英語などとは反対です。ヘブライ語はわたしにとっては母語ですが、祖父母たちにとっては大人になってから習得した言語なので、最後までヘブライ語ネイティブの若い世代のようにはしゃべれませんでした。

１９３３年、ドイツでヒトラーが政権につくと反ユダヤ主義が激しくなり、ヨーロッパでは「ホロコースト」と呼ばれるユダヤ人の大虐殺がおこなわれました。第２次世界大戦が終結する１９４５年までのあいだに、約６００万人のユダヤ人が殺されたと言われています。わたしの祖父母があの時期に移住せず、ドイツとポーランドに留まっていたら、おそらくかれらはアウシュヴィッツ収容所で殺され、わたしはこの世にいないでしょう。

一方、ユダヤ人の中にはアメリカ大陸に向かった人たちも

アウシュヴィッツ＝ビルケナウ強制収容所にて。
妻のかほると

いました。わたしの母方の大叔父は南米のチリに移住しましたし、アメリカ合衆国で暮らすようになった親せきもたくさんいます。アメリカ社会に適応して、経済的社会的な成功をおさめたユダヤ人たちは、「祖国」づくりを助けなくてはいけないと感じるようになりました。そして金銭的な援助をすると同時に、イスラエル建国後は「ユダヤロビー」としてアメリカ政府に対しイスラエル支援を働きかけるようになりました。イスラエルとアメリカの特別な関係は現在も続いています。

## 1948年、イスラエル建国

第2次世界大戦後、ナチスの犠牲となったユダヤ人への同情もあり、国際的にユダヤ人の国づくりを応援しようという雰囲気が強まります。

1947年、国連は、パレスチナの土地にアラブ人とユダヤ人の2つの国家をつくり、エルサレムは国連の統治下に置くとする「パレスチナ分割決議」を採択しました。もともとパレスチナの地に住んでいたアラブ人に43%、新しくやってきたユダヤ人に57%の土地を渡すというものでした。アラブ人はもちろん大反発しました。それまでほとんどはアラ

Column

## 大きな火種をつくったイギリスの3枚舌外交

第1次世界大戦（1914～1918年）時、パレスチナはオスマン帝国（トルコ）の勢力下にありました。オスマン帝国と敵対していたイギリスは、味方を増やすために秘密外交を展開します。まずイギリスは、オスマン帝国から独立しようとしていたアラブ人に、アラブ地域でのアラブ国家の建設を約束してオスマン帝国への反乱をうながしました（フセイン＝マクマホン協定）【1枚めの舌】。そしてユダヤ人には、パレスチナの土地にユダヤ人国家の建設を支持すると言って（バルフォア宣言）、ユダヤ人に軍資金を提供してもらいました【2枚めの舌】。さらに、フランス・ロシアとは、戦争が終わったらアラブ地域を英仏ロ三国で分割する約束（サイクス＝ピコ協定）【3枚めの舌】も結んでいました。

そもそも他人の土地を勝手に分けて植民地にしようなどという魂胆は、大国のエゴイズムです。「パレスチナ分割決議」は、イギリスのエゴイスティックかつ矛盾する外交に決着をつけようとするものでしたが、アラブ人、ユダヤ人双方にとって納得できるものではありませんでした。

ブ人の土地だったのに、突然国連に半分以上をユダヤ人に渡せと言われたのですから。しかも、当時のアラブ人の人口が約１９７万人だったのに対し、ユダヤ人の人口はその約３分の１、60万人にすぎませんでした。

翌年の１９４８年、ユダヤ人はイスラエル独立（建国）を宣言します。それを受けて、第１次中東戦争が勃発しました。エジプト、イラク、シリア、レバノンなど周辺のアラブ諸国がイスラエルに攻めこんだのです。イスラエルはこの戦争をソ連やチェコスロバキアなどの軍事支援を受けて戦い、結果的に土地の４分の３を占領しました。70万人のアラブ人たちが住んでいた場所を追い出され、ヨルダン川西岸地区やガザ地区、さらにシリアやレバノンなどの周辺諸国に逃れました。こ

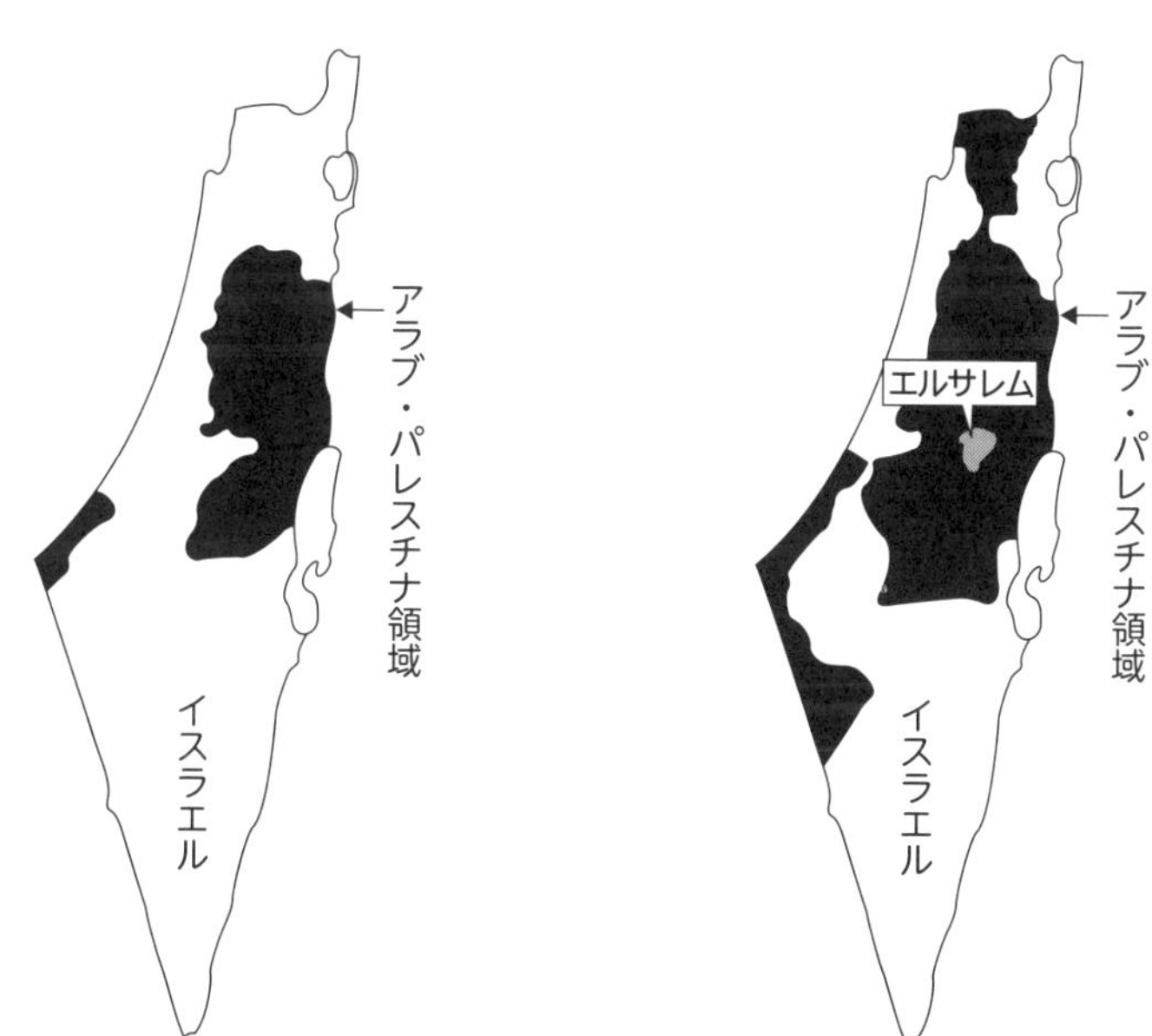


地図３　第１次中東戦争後（1948–67年）　　地図２　国連分割決議案（1947年）

地図の出典：現代企画室『占領ノート』編集班／遠山なぎ／パレスチナ情報センター

うして「パレスチナ難民」が生まれました。

イスラエルでは、当時のユダヤ人指導者ベングリオンが独立宣言にサインした1948年5月14日は「独立記念日」、お祝いの日です（ユダヤ暦を使うので毎年日にちが変わります）。独立というのは、当時はイギリスの委任統治領だったため、その支配から独立したということです。

でも、パレスチナ人にとって、この日は「ナクバ」（災厄）です。同じ日でも、イスラエル人とパレスチナ人とでは、正反対の意味をもつのです。1945年8月15日が日本にとっては「戦争に負けた日」だけれど、日本に侵略されていたアジア諸国にとっては「解放の日」になるように、立場によってとらえ方は一八〇度変わります。

## パレスチナ難民とは

当初70万人だったパレスチナ難民は、避難先で3世代、4世代目となり、現在は560万人以上に達しています。UNHCR（国連難民高等弁務官事務所）によると、世界の難民のうち約5人に1人がパレスチナ難民です。

難民キャンプに仮住まいとして建てられた簡易な住居は、電気や上下水道などのインフラが老朽化し、失業や貧困などの経済問題も深刻です。パレスチナ・ガザ地区の人口のうち約7割（約160万人）は、パレスチナ難民とその子孫たちです。

## パレスチナ・イスラエル年表

| | |
|---|---|
| 1897年 | 第１回世界シオニスト会議。 |
| 1914年 | 第１次世界大戦（～1918年）。 |
| 1935年 | ドイツでユダヤ人排斥の法律（ニュルンベルク法）が制定される。 |
| 1939年 | 第２次世界大戦（～1945年）。 |
| 1940年 | ポーランドにアウシュヴィッツ第１強制収容所が開所。 |
| 1947年 | 国連総会でパレスチナ分割決議が採択。 |
| 1948年 | イスラエル独立宣言、第１次中東戦争勃発、パレスチナ難民の発生。 |
| 1964年 | パレスチナ解放機構（PLO）設立。 |
| 1967年 | 第３次中東戦争、別名「６日間戦争」。 |
| 1973年 | 第４次中東戦争。 |
| 1979年 | エジプト＝イスラエル平和条約締結。 |
| 1987年 | 第１次インティファーダが始まる。 |
| 1993年 | オスロ合意（パレスチナ暫定自治協定）締結。 |
| 1994年 | ガザ地区とヨルダン川西岸地区でパレスチナ自治が開始。 |
| 1995年 | イスラエルのラビン首相が、自国の和平反対派の若者に暗殺される。 |
| 2000年 | 和平交渉が決裂。「岩のドーム」でイスラエル政治家シャロン氏が挑発行為。第２次インティファーダが始まる。 |
| 2002年 | イスラエル、ヨルダン川西岸地区で「分離壁」建設を開始。 |
| 2004年 | PLOのアラファト議長が死去。 |
| 2005年 | イスラエルがガザ地区から完全撤退、封鎖の開始。 |
| 2006年 | パレスチナ自治政府の議会選挙でハマスが勝利。 |
| 2008年 | イスラエル軍がガザ地区に軍事侵攻、パレスチナ民間人約1400人が犠牲になる。この後も数年に一度の割合でイスラエル軍がガザ地区に爆撃・軍事侵攻し、そのたびに多くのパレスチナ民間人が犠牲になる。 |
| 2023年<br>10月7日 | ハマスがイスラエルを奇襲攻撃、イスラエル民間人1200人を殺害し240人を人質にする。イスラエル軍がガザ地区への攻撃を開始する。 |
| 2023年<br>10月28日 | イスラエルのネタニヤフ首相が「（ハマスとの闘いは）第２段階に入った」と表明。ガザ地区への地上侵攻が本格化。 |
| 2024年<br>1月9日 | ガザ地区の保健当局が、死者が２万3000人を超えたと発表。 |

# 「わたしたちの国の軍隊は世界一」というおごり

1967年、イスラエルとアラブ連合（エジプト・シリア）のあいだで第3次中東戦争が起こりました。このときわたしは小学4年生でした。わたしと兄は毎晩ラジオ放送を聞き、イスラエル軍の戦果をワクワクして書きとめました。父は予備役の兵士として参戦していました。イスラエルではこの戦争を「6日間戦争」と呼ぶのですが、短期間のうちにイスラエルはヨルダン川西岸地区、ガザ地区、シナイ半島とゴラン高原、さらにヨルダン領となっていた東エルサレムを占領（せんりょう）し、イスラエルが統治する土地の面積はあっという間に4倍になりました。「わたしたちの国の軍隊は世界一だ！」と、学校の

子ども時代の家族写真（右はしがわたし）

先生たちが叫んでいたのをよく覚えています。

戦争終結から数か月後、イスラエルが占領したゴラン高原に、ユダヤ人の「入植地」ができました。これは最初からイスラエルの戦略だったと思います。占領した土地は返さない、返さないためには入植地をつくってユダヤ人を住まわせてしまえばいいと。そうでなければ、こんな短期間で新しい居住地をつくるなんてムリです。

イスラエルは、ヨルダン川西岸地区やガザ地区などにも入植地を建設して、ユダヤ人を移住させ始めました。もともとそこに住んでいたアラブ人たちにはイスラエル国籍を与えることなく、

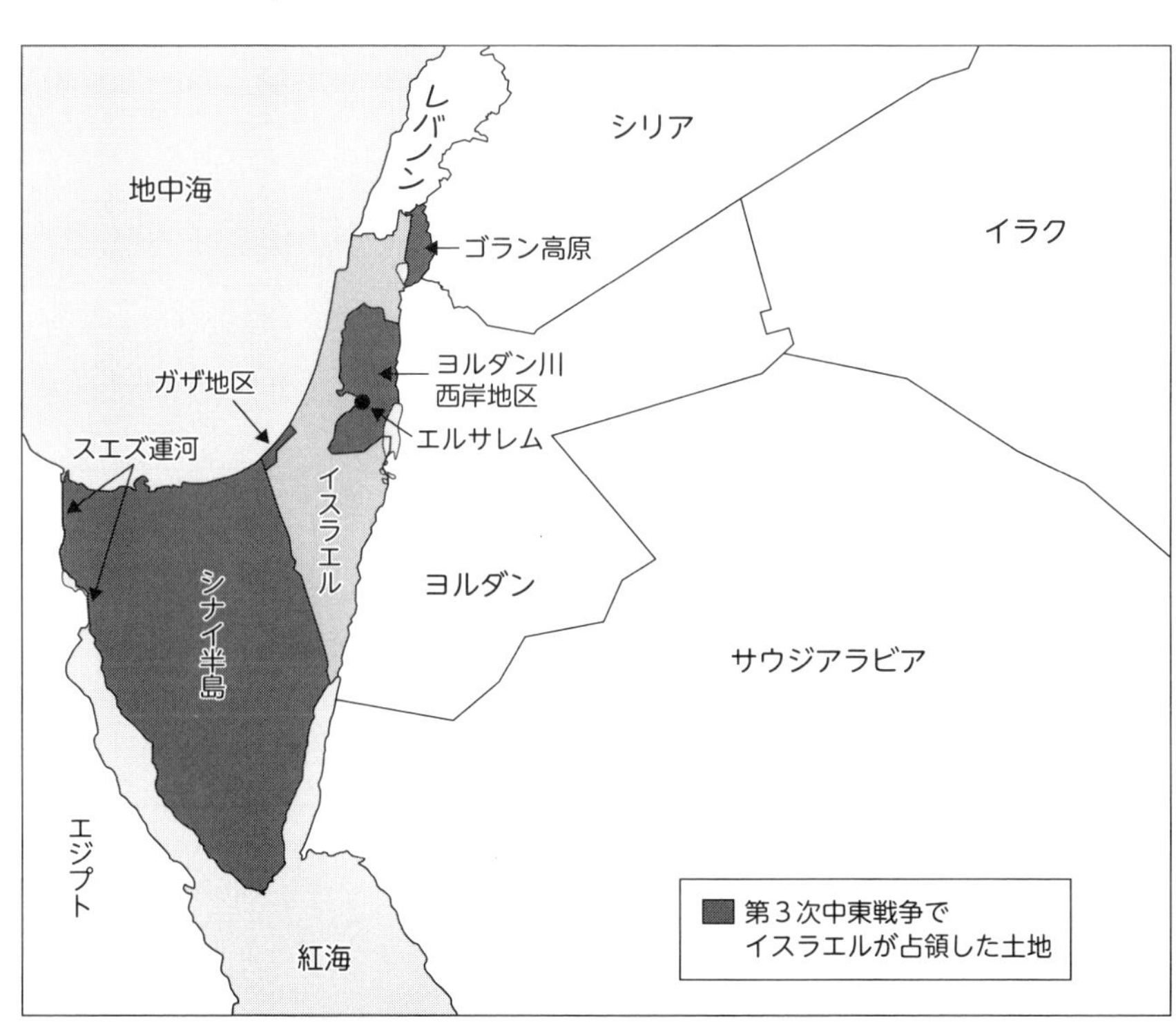


地図４　第３次中東戦争直後（1967年）

入植地の外に追い出して、自由な出入りを制限しました。本来、占領地域での入植活動は、国際法違反です。ところがイスラエルはそれを無視して、入植地をどんどん拡大していきました。でも、イスラエルの理屈としては、「神様がわたしたちに与えた土地だから、問題ない」となります。神様は法律よりも上の存在というわけです（笑）。

　ちなみに、イスラエルでは小学校から高校まで12年間、授業で旧約聖書（ユダヤ教聖典）の勉強をします。旧約聖書を、宗教としてではなく、自分たちの文化と歴史として学ぶのです。6歳の子に、わたしたちが住んでいるのは神さまに約束された土地ですと言えば、そのまま信じますよね。そして「わたしたちの土地なのにアラブ人たちに攻撃されている、ひどい」と思うようになります。わたし自身もそうでした。6日間戦争では「悪い」アラブ人たちをやっつけた、と国民みんなが大興奮しました。

　イスラエルが本格的におかしくなっていったのは、このころからです。自分の軍事力に「酔っぱらって」、自分たちほど優れた軍隊は世の中にいないとおごるようになりました。わたしたちの軍隊ならカンペキに防衛できる、こわいものなしだと思いこみました。シナイ半島を占領したイスラエルは、エジプトと接するスエズ運河沿いにあらゆる武器やセンサーを配備して、「エジプトが絶対に超えられない線だ」と国民に宣伝しました。当時高校生だったわたしもそれを信じていましたし、まわりのみんなも安心していました。

ところが、第3次中東戦争から6年後の１９７３年、エジプト軍は数時間でスエズ運河をわたると、イスラエルに向けて進軍を始めました（第4次中東戦争）。こうしてイスラエルは世界一の軍事力で守られているという神話は、一瞬にして崩れました。最終的にこの戦争で、２２００人のイスラエル兵士が殺されました。２０２３年10月7日にハマスによって殺されたのは民間人だったので、それとは違いますが、人口の少ないイスラエルでは、ほとんどの国民が自分の親族、友人知人の誰かを失う規模の犠牲であり、イスラエル国民は大ショックを受けました。

１９７９年、イスラエルはあれほど敵だ敵だと言っていたエジプトとのあいだで平和条約を結び、エジプトにシナイ半島を返します。エジプトもずるがしこく、パレスチナ難民が多くて問題が起きそうなガザ地区はいらないと言って、イスラエル領のままとしました。イスラエルは、ガザ地区とヨルダン川西岸地区では引き続き軍事支配を強めて、入植地建設を活発化させていきました。

イスラエル軍にいたころのわたし（右はし）

## パレスチナ人、アラブ人、そしてイスラエル人、ユダヤ人

ここで、ちょっと流れからはずれますが、「パレスチナ人」と「アラブ人」、「イスラエル人」と「ユダヤ人」について、どういう人たちなのかをお話ししましょう。かなり複雑です。

今は「パレスチナ人」という呼び方がニュースなどでもふつうに使われていますが、イスラエル建国後しばらくは「パレスチナ人」という概念は一般的ではありませんでした。パレスチナ人という呼び方が使われるようになるのは、第3次中東戦争後の１９７０年ごろからだと思います。最初に話しましたが、パレスチナの地にもともと住んでいたのはアラブ人でした。アラブ人というのはアラビア語を話し、アラブ文化をもつ人たちのことで、多くがイスラム教徒（ムスリム）です。世界で約4億人いると言われ、今のシリア、ヨルダン、エジプト、レバノンなど中東や北アフリカの国の多くがアラブ諸国です。

イスラエルが占領した土地に住んでいたアラブ人の中には、すぐにヘブライ語を習得してイスラエルからやってくる訪問客相手に商売を始める人もいました。わたしも、６日間戦争の後、何度もガザ地区に買い物に行ったり、コーヒーを飲みに行ったりしました。イスラエルに比べてずっと物価が安かったので、みんな喜んで行ったのです。しかし、イスラエルによる占領が過酷化・長期化するにつれ、当初のような雰囲気はなくなりました。そして、「もともとパレスチナの地に住んでいる／住んでいた人たち」というアイデンティティを獲得し、パレスチナ人という呼称が使われるようになっていきました。

　実は、イスラエルの国にもアラブ人がいます。人口の2割、つまり5人に1人がアラブ人です。イスラエルでは、かれらのことをパレスチナ人とは呼びませんが、ガザ地区やヨルダン川西岸地区に親族がいる人も多く、自分のことをパレスチナ人だと思っている人もいます。イスラエルのアラブ人（パレスチナ人）はイスラエル国籍をもつイスラエル人でもあるので、イスラエル国内の移動は自由ですし、外国にも自由に行けます。イスラエルの国会にはアラブ人の党があり、子どもたちはアラブ人の小学校・中学校・高等学校で学びます。

　かれらが、ユダヤ系イスラエル人とちょっと違うのは、全国民に課されている兵役が免除されていることです。軍隊に入ったら、自分の親族と戦うことになり、それではかわいそうだからと言われています。ただそれは表向きの理由で、軍の国家機密を漏らされるのを防ぐという理由のほうが本当っぽいと信じられています。ユダヤ系イスラエル人の中には、アラブ人だけ兵役がないのは「ズルい」と不満をもつ人もいます。小中高ではユダヤ人とアラブ人は別々に学んでいますが、大学では一緒になります。アラブ人は18歳で入学できるのに、自分たちは18歳から3年間軍隊に行かないといけないのは納得いかない、というわけです。

いずれにしても、イスラエルのアラブ人がとても複雑なアイデンティティの中で生きていることは確かです。パレスチナ自治区のアラブ人たち（パレスチナ人）とは同胞ですが、生活環境も違うし、教育も違います。アラブ人としてのアイデンティティは捨てたくないけれど、イスラエルの事情もわかるので、完全にパレスチナ人の味方をするわけにもいきません。アイデンティティの複雑さという点においては、在日コリアンの人たちと似ているところがあるかもしれないと思います。

では、イスラエルの8割を占める「ユダヤ人」とはどういう人たちでしょうか。ユダヤ人というのは、ユダヤ人の母親から生まれた人か、ユダヤ教徒になった人のことを指します。たとえば、わたしは母親がユダヤ人なので、生まれたときからユダヤ人です。でも、日本人の妻とのあいだに生まれたわたしの子どもたちは、自動的にはユダヤ人になりません。ただ娘のうちのひとりは、イスラエルでユダヤ教の教典を勉強して試験にパスして、ユダヤ人になりました。その娘の子ども、つまりわたしの孫は、試験なしで生まれつきのユダヤ人です。こうやって説明してみると、ちょっとふざけた（笑）システムですね。イスラエルに住んでいてユダヤ人でないと不便なことがあるので、ユダヤ人でないお母さんから生まれた人は、ユダヤ教に改宗してユダヤ人になる人は多いです。日常生活で、自分がユダヤ人だと証明しろなどと迫られることは、まずないですが。

イスラエルに住むユダヤ人の中で、礼拝に通うなどの熱心なユダヤ教徒は3割だけです。わたしもユダヤ人ですが、神様は信じていません。イスラエルには、ユダヤ教のことをよく知らないユダヤ人はけっこういます。そういう意味では、ユダヤ人にとってのユダヤ教は、日本における仏教や神道みたいなものです。お祭りや結婚式、お葬式のときくらいしか意識しません。

**イスラエル国旗**
ユダヤ教の象徴ダビデの星をデザインした旗が、イスラエル建国のさいに正式に国旗として採用された

**パレスチナの旗**
もともとは対イギリスの「アラブ反乱旗」に由来する。上から黒・白・緑の三色が配置され、左側から赤色の三角形が右に向かってつき出している

## 和平の道をぶちこわし、暴力の応酬へ

さて、話をもどします。

1964年に設立されたパレスチナ解放機構（PLO）は、アラファト議長のもとで武

力によるパレスチナの解放を掲げていました。パレスチナ問題が国際的に認知されるようになり、ＰＬＯは国連オブザーバーの地位を得ます。ところが１９８２年、隣国レバノンに置かれたＰＬＯ本部がイスラエルによって襲撃され、アラファト議長はパレスチナから遠く離れた北アフリカのチュニジアに追放されてしまいます。以後、ＰＬＯは武装闘争路線をやめ、イスラエルとの和平を模索するようになっていきました。

１９８０年代後半に入ると、イスラエルの占領下にいるのは耐えられないとパレスチナ民衆の中から「インティファーダ」という自然発生的な抵抗運動が広がります。大人も子どもも、男性も女性も、石を投げたりタイヤを燃やしたりしてイスラエル軍に立ち向かいました。イスラエル占領下での過酷な実態も知られるようになり、国際社会はパレスチナ問題を放置できないと動き出します。

１９９３年、アメリカのクリントン大統領の仲介

オスロ合意が結ばれ、イスラエルのラビン首相（左）とパレスチナ解放機構（PLO）のアラファト議長（右）が握手。真ん中はクリントン米大統領　©AFP＝時事

により、イスラエルのラビン首相とＰＬＯのアラファト議長のあいだで「オスロ合意」が結ばれました。①ガザ地区とヨルダン川西岸地区からイスラエル軍を段階的に撤退させ、②そこでのパレスチナの暫定的自治を認めるという内容でした。イスラエルとパレスチナの双方が、互いの国の生存権を承認し、共存の道をさぐるスタート地点に着いたことで、多くの人がほっとしました。

　しかし、イスラエルにはオスロ合意に反対する勢力もいて、ラビン首相は１９９５年にユダヤ教極右信者の若者によって暗殺されます。そして後のバラク首相とアラファト議長との２０００年の最終的な話し合いは決裂してしまいました。

　そのうえ２０００年には、大事件が起きます。エルサレム旧市街にある「岩のドーム」というイスラム教徒にとってもっとも神聖な場所に、イスラエルの有力な政治家シャロンが軍の護衛に囲まれて入り、「ここはイスラエルのものだ」とパフォーマンスをしたのです。軍人出身のシャロン氏は、パレスチナ全土がイスラエルのもの

「岩のドーム」。メッカのカアバ神殿とならび、イスラム教徒にとってもっとも神聖な場所のひとつ

だと主張する「大イスラエル主義」を掲げ、オスロ合意が順調に進むことに不満をもっていました。シャロン氏は後にイスラエルの首相になりました。

岩のドームは、ユダヤ教にとっての最大の聖地「嘆きの壁」のすぐ上にあります。下ではイスラエル人が祈って、上ではパレスチナ人が祈ります。岩のドームは、イスラエル人が行っても問題ないですし、わたしも何度も行ったことがありますが、イスラエル人なら「ここは自分たちの場所ではない」というちょっとした遠慮があるのが通常です。ところがシャロンは、自国の国防大臣から行くなと止められていたにもかかわらず、パレスチナ人が激怒するのを承知でわざと挑発的な発言と行動をして、暴動を招きました。これが「第2次インティファーダ」につながっていきます。

第2次インティファーダの時期、圧倒的な軍事力をもつイスラエルに対して、パレスチナ側のイスラム組織「ハマス」が、自爆攻撃を実行しました。テルアビブやエルサレムなどの都市部でバスを爆発させ、自分と数人から30人程度のイスラエルの民間人が爆死する

「嘆きの壁」。向こう側に岩のドームの丸屋根が見える

事件が頻発しました。当時エルサレムに住んでいたわたしの妹は、３人の子どもたちをバスで通学させていましたが、必ず全員を別々のバスに乗せるようにしていました。万が一のことがあっても、全員が死ぬことがないようにです。

　その後、和平交渉は完全にゆきづまり、２００４年にはオスロ合意を結んだＰＬＯのアラファト議長が病死しました。

　イスラエルからすると、オスロ合意をすすめてパレスチナ国家を認めれば、ヨルダン川西岸地区の入植地にいるユダヤ人をイスラエル国内にもどす必要が出てきます。

## ハマスとは

　イスラム組織「ハマス」は、もともとはガザ地区を中心に難民や貧困層への慈善活動をおこなっていた団体でしたが、インティファーダの発生を受けて武力・軍事部門をともなって活動するようになりました。イスラエルとの共存をめざすとしたPLOに反発して、自爆攻撃をふくめた直接的な武力行動に訴えたのです。

　さらに2000年ごろからは政治部門も力を強め、2006年のパレスチナ自治政府の議会選挙で勝利して過半数の議席をとります。しかしイスラエルはハマスのことをテロ組織と呼び、政治勢力として認めていません。

　2007年以降、ヨルダン川西岸地区はPLOの主力勢力であるファタハ、ガザ地区ではハマスが支配しています。

　支配というのは、市民サービスなどをふくめて自治体の仕事をハマスが担っているということで、住民にとってハマスは日常生活でよく目にする身近な存在でもあります。

これはなかなか大変なことです。そこに住むイスラエル人は当時20万人くらいでしたが、今は50万人、入植地の数は150か所ほどにまで増えています。イスラエル政府は、2005年にガザ地区にいた8000人の入植者たちを撤退させましたが、入植者たちの激しい抵抗にあい、ほとんど内戦状態といっていいくらいになりました。その何十倍ものイスラエル人を引き揚げさせるとなると、政府はよほどの覚悟が必要です。日本とロシアのあいだにも北方領土問題がありますが、いくら日本のものだと主張しても、北方領土にはすでに長いあいだロシア人が住んでいます。* かれらの今後をどうするのかは、簡単な問題ではないですね。

＊北方領土に住んでいるロシア人は約1万8000人。

## ガザ地区封鎖　またもや軍事力を過信する

2005年のイスラエルによるガザ地区からの完全撤退は、封鎖と引きかえでした。ハマスが手に負えなくなったイスラエルは、2007年にハマスをかれらが拠点としていたガザ地区に閉じこめて、そこで抑えこもうとしたのです。でもガザ地区に住んでいるのは大半が一般市民、パレスチナ難民も多くいます。わたしの住む埼玉県秩父地方よりもずっと小さい場所（全長41キロメートル、幅６～12キロメートル、面積３６５平方キロメートル）＊に約２３０万人が住んでいて、世界有数の人口密度が高い地域です。

＊東京都23区の約3分の2、福岡市などとほぼ同じ面積。

ガザ地区の失業率は約50％、若者の失業率にいたっては80％とも言われています（２０２２年、ユニセフ）。食べ物はつくれない、仕事はないという状況にあるため、国際組織とイスラエルが食料や水、エネルギーを供給しています。といっても、イスラエルが親切だからではありませんよ。自国の軍隊によって封鎖している地域には最低限の必需品を供給しないといけないと国際法で決まっているからです。しかも、その量をできるだけ少なく見積もっているので、ガザ地区では何もかもが足りません。ガザ地区には軽油で動かしている発電所が１つしかなく、医療品がいつでも不足しています。

ガザ地区の封鎖と並行して、イスラエルは、ヨルダン川西岸地区の入植地のまわりに巨大な「分離壁」を建設し始めました。２００４年には国際司法裁判所が「国際法に反する」と判断し、国連総会でも建設中止と解体を求める決議が採択されましたが、壁の建設はやんでいません。

分離壁は、国際的に認知されている１９４９年の停戦ラインよりも、パレスチナ側を大きく侵食するように建設されています。ケーキの分け方を決める前に、イスラエルがどんどんケーキを食べているようなものです。分離壁は、最も高いところで８メートル、全長は７００キロメートル以上になります。自分の土地が分離壁の向こう側になってしまったパレスチナ人は、自分の土地に行くにもイスラエルの検問所の長い列に並ばなくてはならず、実質的に土地を奪われた状態になっています。

封鎖されているガザ地区のパレスチナ人は、自由と尊厳と独立を求めて、たびたびイスラエルに向けてロケット弾を撃ちこんできました。その報復として、強大な軍事力をもつイスラエル軍は大小の攻撃をしかけました。２００８年には、子ども３４５人をふくむ１４００人のパレスチナ人が殺されています。これに対してイスラエルのオルメルト首相は「民間人の犠牲は仕方ない」と言ってのけました。その後も、数年おきにイスラエルは大規模な軍事侵攻・空爆をおこない、子どもをふくむ一般人が犠牲になりました。２０１４年には２４００人以上のパレスチナ人が殺さ

ヨルダン川西岸地区、分離壁の様子

れました。

イスラエルはこれだけのことをしても、パレスチナ人が何もしないで、おとなしく我慢し続けると思っていたのでしょうか。

イスラエルも、もし攻撃されることがあるとしたらこのガザ地区からだろうということで、１４００億円のお金をかけ、鉄14万トン、セメント２００万立方メートルを使って、ガザ地区を囲むフェンスを建設しました。このフェンスは、コンクリートの壁が地下何メートルにもおよんでいて、巨大な地下道網を築きあげていると言われるハマスが、地下から入ってこられないようにしました。

イスラエルは、これがあれば絶対攻められることはない、大丈夫だと世界中の記者を呼び寄せて自慢しました。数百台の最新式センサーと監視カメラ、そしてハマスからのロケット弾攻撃に対してはアイアンドームという完璧な防空システム。ちなみに見張りをするのは女性部隊で、わたしの姪っ子もかつてこの部隊の一員でした。彼女と同じ部隊にいた人によれば、ネズミが１匹入りこんだだけで夜中２時に起こされるくらい精度の高いセンサーだったそうです。

ガザ地区のハマスがイスラエルを攻撃するのは不可能だと、50年前のスエズ運河のエジプトとの国境線のときと同じように多くのイスラエル国民は思いこんでいました。

## 突然のハマスによる攻撃　思いこみは破られた

けれども、２０２３年10月7日、ハマスはいとも簡単にこの壁を破り、イスラエル領内に入りました。

今回、複数箇所から１０００～１５００人のハマス戦闘員が侵入したと言われています。フェンスの近くではイスラエル軍が24時間体制で監視しています。ですから、まずハマスがやったのは小型無人機（ドローン）でセンサーと監視カメラを爆破することです。それからオートバイなどで突入して、監視部隊の女性たちを射殺。ブルドーザーでフェンスを突破し、パラグライダーを使って空からも戦闘員を送りこみました。数千発のロケット弾をイスラエル側に撃ちこむこともしました。

イスラエルはなぜ、ハマスにやられてしまったのか。思いこみもあるでしょう。日本も、原発は絶対安全、大丈夫だと思っていた。でも実際には事故が起こりましたね。それと同じです。実はハマスの攻撃の前、イスラエルにはその情報がもたらされていたとの報道があります。それでもハマスにそんな力はないと思いこんでいたのかもしれませんし、わざと見逃したのかもしれません。

ハマスの襲撃があった10月７日は、ユダヤ教のお祭りが終わってすぐのことでした。ヨルダン川西岸地区の入植地に居住しているのは多くがユダヤ教徒で、ぽつんぽつんと点在する高い防護フェンスで囲われた土地に住んでいます。祭日になると入植者たちがまわりに住んでいるパレスチナ人たちにちょっかいを出したり悪さをしたりして、騒ぎになることがあります。そのときにユダヤ人入植者たちを（気の毒なパレスチナ人を、ではありませんよ）護衛するためイスラエル軍はふだんガザ地区のまわりにいる部隊の８割を、ヨルダン川西岸地区に移していました。ハマスは、ガザ地区のまわりのイスラエル軍が手薄になったのを知っていました。

さらにその日は、ガザとの境界近くで野外音楽フェスティバルが開かれていました。４０００人ほどの若い人たちがつめかけて、夜中じゅう楽しんでいました。みんなが明け方疲れて寝ていたところをハマスが急襲し、２６０人を殺しました。

このフェスティバルにはわたしの甥っ子も参加していました。彼によると、危ないと思って自分の車に飛び乗ったら、目の前にハマス戦闘員がいた。すぐにギアをバックに入れて、そのまま逃げました。銃で撃たれながらなんとか逃げて、途中で草むらを見つけたので車を乗り捨て、そこに十何時間も座って隠れていたそうです。運よく携帯電話が手元にあり、父親に通じ、まる１日後になんとか自分の家にもどることができたと言います。甥っ子の友だちの中には殺された人もいました。

今回のことでもうひとつ、イスラエルにとって前代未聞だったことがあります。ハマスがガザ地区のまわりのイスラエルの家々に突入し、建物に火をつけたことです。イスラエルでは、新しい家を建てるときには必ずシェルターをつくらないといけません。しかしイスラエルは、ハマスが地上からやってくることはまったく考えていませんでした。ガザ地区から飛んでくるロケット弾から身を守ることだけを想定したシェルターだったので、中からしっかりしたカギをかけられるようにはなっていませんでした。ハマスの戦闘員はイスラエル人をシェルターから引きずり出し、赤ちゃんからお年寄りまで容赦なく射殺しました。

結局、約１２００人が殺され、約２４０人が人質としてガザに連れ去られました。

わたしの妹は、ガザ地区から30キロメートルしか離れていない場所に住んでいて、その地域の福祉部の部長として働いています。妹はなんとか無事でしたが、直接知っている人たちだけで40人以上が亡くなったそうです。仲良くしていた家族は４人全員がハマスに殺されました。彼女は、住民のケアをしながら、毎日のように知りあいの葬式に出席する日々を送っていると言っていました。

## 「テロ行為」には理由がある

今回の奇襲により、ハマスは想像を超えるような残酷なやり方でイスラエル人を殺しました。ハマスの若い戦闘員たちは憎しみでいっぱいだからです。ガザ地区の住民は、「天井のない監獄」と呼ばれる狭い土地に閉じこめられ、数年ごとにイスラエル軍の攻撃で数千人単位の民間人が殺されてきました。ハマスの戦闘員にとって、イスラエル人の子どもは今は赤ちゃんでも、大きくなったらイスラエル兵になって自分たちのことを攻撃し、自分たちの子どもや孫を殺すかもしれない存在として映ります。そう思ったら、子どもに対しても憎しみの感情でいっぱいになり、歯止めがきかなかったのでしょう。

今回のことはイスラエル人にとって、大・大・大ショックです。多くのイスラエル人の目は憎しみに燃え、復讐してやるという気持ちであふれています。ハマスの拠点があるガザ地区へ

イスラエルの街に張られた人質解放を求めるポスター

の攻撃を肯定しないイスラエル人は「非国民」と言われるようなムードです。これまでは穏健的な意見をもっていた人たちも、今回は特別だと言う人が多いです。わたしのイスラエル時代の幼なじみは、SNSメッセージでわたしに「ハマスを滅亡させ、子どもをふくめてガザの住民は全員殺すべき」という意見を送ってきました。彼女には子どもが3人、孫が10人います。ふだんはごくふつうの人がわたしにそういうことを書いてくるほどです。

もちろんわたしは、あらゆるテロ行為に全力で反対しています。しかし、どんなにイスラエルが軍事力で制圧したところで、パレスチナ側の「テロ行為」を止めることはできないとも思います。過去にはエジプトとの国境スエズ運河が、今回はガザ地区のフェンスが破られました。ハマスの戦闘員は、生まれつきテロリストなわけではありません。趣味としてテロをやっているわけでもありません。かれらはパレスチナの自由と独立を実現したいという理由があり、その目的のためにテロをやっているのです。逆に言えば、目的を達成したらやる意味はなくなります。

こういう例があります。イスラエル建国をもくろ

テロリストとしてイギリスに指名手配された
若き日のベギン氏（上段の左はし）

んでいたユダヤ人たちは、１９４６年、イギリスの委任統治庁とイギリス軍司令部が置かれていたエルサレムのホテルに爆弾をしかけ、民間人をふくめて91人を殺害しました。正真正銘のテロ行為です。そのテロ組織のトップは、イギリスに指名手配されました。でも結局つかまりませんでした。そしてイスラエルが建国され、やがてそのテロリストはイスラエルの首相になりました。メナヘム・ベギン首相です。１９７８年にエジプトとの歴史的な平和交渉で戦闘停止を合意した功績で同年、ノーベル平和賞までもらいました。ベギン氏はテロリストだったけれど、イスラエルが建国された瞬間にテロをやる意味はなくなり、これからは政治の道だと考えを変えたのです。

中東和平のための調印式で、エジプトのサダト大統領（左）とイスラエルのベギン首相（右）が握手。真ん中はカーター米大統領（1978年）　©CNP／時事通信フォト

## 話し合いで解決する道を

イスラエルは、ガザ地区へのあらゆる物資の供給をストップしました。子どもをふくむ２３０万人の食料も水も電気も止めた上で、空爆を続け、地上侵攻も開始しました。ガザ地区住民の死者は増え続け、若い人口が多いガザ地区では犠牲者に多くの子どもたちがふくまれています（２０２３年12月23日のガザ地区保健当局の発表によると、死者は2万人を超え、６７００人が行方不明となっている。死者のうち大半が女性および子どものこと）。

イスラエルは、国家予算の2割以上の防衛費を使い、最新兵器を持ち、国民に徴兵制をしいてきました。今回のことで面目丸つぶれとなったイスラエル軍は、今度こそハマスをぶっつぶす、二度とイスラエルを攻撃できないように叩きのめすと決意しています。いっときは圧倒的な軍事力をもってハマスをつぶすことができるかもしれません。でもすぐにまた「自分たちの軍隊は世界一」というおごりと安全神話が生まれて、結局どこかで油断して、その神話が破られ、多くの一般市民が犠牲になるでしょう。

イスラエルとパレスチナはこれだけ違うのだから話し合いは絶対にありえないと言う人

たちがいますが、そうではないことを歴史が証明しています。わたしが子どもだったとき、エジプトとの和平は絶対に無理だと教えられていました。エジプトのナセル大統領はヒトラーと同じだと聞かされ、ナセル大統領をかたどった人形を燃やしたりしたのです。でも１９７９年、イスラエルとエジプトは平和条約を結びました。話し合いでは解決できないというのはウソだったということです。亀裂を埋めることは可能です。話し合いでは解決できないとの思いこみこそを捨てないといけません。

　イスラエルには、わたしの娘が住んでいます。兄や妹、親せきが住んでいます。ハマスのやったことは本当にひどい。人間として許されることではありません。でも、頭を冷やして考えないといけません。ガザ地区を攻撃してどうなるでしょうか。たくさんの子どもたちをふくむ民間人が死んで、さらなる憎しみが生まれるだけです。わたしは、どんな理由であれ、イスラエルがパレスチナ人を殺していいとは絶対に言いません。武力によって生まれるのはさらなる武力。憎しみによって生まれるのは憎しみでしかありません。

＊イスラエル・パレスチナ情勢緊急報告会（２０２３年10月13日、秩父市）での話をもとに、大幅な加筆修正をおこないました。

# 第2章

# 戦争は最大の人権侵害（しんがい）

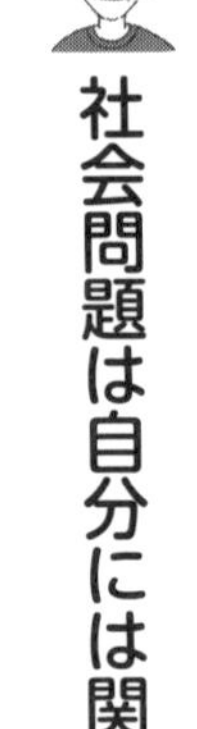

## 社会問題は自分には関係ない？

わたしは、埼玉県の田舎で妻とふたりでのんびり暮らしています。自分たちで手づくりしたログハウスに住み、工房でイスやテーブルなど好きな家具を制作しています。家から工房までは3メートルですから、絶対に渋滞は起きません（笑）。時々アリンコの列にひっかかる程度です。家の裏には野菜畑があって、十何種類もの野菜を作っています。庭には石窯があり、時々ピザを焼く。そしてのんびり赤ワインを飲みます。

こんなに素晴らしいところで暮らしていると、世の中で起きているさまざまな問題は自分には関係ないという気持ちになります。

日本で戦争があったのは遠い昔のこと、いまさら戦争

妻のかほると住むログハウス（右）、隣りが工房になっている

や平和のことを考える必要がある？　日本の国土のわずか０・６％の面積しかない沖縄に米軍基地の74％が集中していると言うけれど、遠いところの話だよね。埼玉県に住んでいるから、原子力発電所が近くに建設されることもなさそう。難民問題は当事国同士で解決すればいいし、ＬＧＢＴＱ問題といってもわたしのまわりに当事者はいないよ。最近騒がれている気候危機も、まだまだ大丈夫……。

人生は短いのだから、社会の問題にかまうヒマはない。何も見たくないし聞きたくない、という気持ちはよくわかります。日光東照宮の「見ざる、言わざる、聞かざる」の三猿の彫刻みたいに。

ところが人間には、とつぜん「気づき」が訪れることがあります。価値観が揺さぶられることがあります。出来事だけでなく、偶然ふれた映画、本、歌などがきっかけになることもあるでしょう。

わたしの場合は、２００８年に祖国イスラエルがガザ地区を大攻撃し、22日間で１４００人のパレスチナ人を殺したことでした。その中には３４５人の子どもがいました。攻撃し

自宅の庭にある窯でピザを焼く

たのは、わたしがかつて所属していたイスラエル空軍です。これを見てわたしは大きなショックを受けました。罪のない子どもたちを殺して、イスラエルは平気なのかと。

その3年後の2011年3月11日には、福島で原発事故が起きました。このときはわたしだけでなく、日本中の人たちがショックを受けたでしょう。原発事故は、多くの人に「今まで自分は何をしていたのか」という気づきを与えたと思います。

戦争や原発事故、難民問題や性的マイノリティへの差別、沖縄基地問題、気候危機……これらの問題には、共通点があります。それはすべて、人権が無視されて起こる問題だということです。気づきが早ければ早いほど、そしてたくさんの人が気づけば気づくほど、問題を解決することが容易になります。のんびりするのもいいけれど、頭のどこかで、今苦しんでいる人がいること、そしてわたしたちが今のんびりすれば、将来の世代がのんびりできなくなる可能性があることも考えなくてはいけません。

埼玉県には秩父神社があります。秩父神社には「よく見て・よく聞いて・よく話す」という三猿が本殿に彫られています。日光の猿たちとは真逆です。わたしはこれを見た瞬間、いい場所を選んで引っ越してきたなと思いました。

秩父神社のお元気三猿
「よく見て・よく聞いて・よく話す」

## イスラエル空軍兵士から日本の家具作家へ

わたしは１９５７年、イスラエル中部の村（モシャブ）で生まれました。イスラエルには徴兵制があり、男性は3年間、女性は2年間兵役に服します。わたしも、高校を卒業すると、同級生たちと一緒に入隊しました。

入隊したのは、パイロット養成コース。みんなが憧れる空軍所属です。陸軍に入った友人たちがほこりまみれで野山を走っているときに、わたしは戦闘機で空を自由に飛んでいました。パイロットになるのは難関で、たくさんの試験をパスしなくてはなりません。わたしは最終盤まで残りましたが、ある試験で落ちてしまい、１年半は空軍内の特殊レーダー部隊に所属しました。

退役後、イスラエルの若者たちの多くは外国旅行に出かけます。わたしは、南米を旅行するつもりだったけれど、なりゆきからアジアに行くことになりました。そして１９７９年、初めて日本にやってき

空軍のパイロット養成コースにいたころ（19歳）

ました。

日本で初めて覚えた言葉は、「パンの耳」です。近所のパン屋でパンの耳をたくさんわけてもらい、スーパーでハムやチーズを買えば、食事代はほとんどかからない。渋谷の外国人ハウスは、3畳でとても狭かったけれど家賃は月に1万円でした。イスラエルで聞いて予想していたよりもずっと安く滞在できるとわかり、観光ビザの期限がくるまで3か月間日本にいることにしました。イスラエルの田舎で暮らしていたわたしは都会がめずらしく、最初の2か月は毎日東京の街を歩きました。そこでわかったことは、日本人は英語が話せないということ（笑）。そこでわたしは1週間ほど部屋にこもって日本語会話の本を丸暗記すると、残りの1か月はヒッチハイクで日本全国を旅してまわりました。毎回親切なドライバーたちに食事をごちそうになり、家に泊めてもらったおかげで、1か月で使ったお金はわずか3000円でした。

観光ビザが切れ、日本を出てフィリピンとタイへ。ところが向かう予定だったネパールとインドが雨季に入ったことを知り、ふたたび日本にもどることにしました。もっと日本語ができるようになりたいと思って、就学ビザに切り替えて日本語学校に通い、週末はアルバイトに精を出しました。

そのアルバイト先で、大学でユダヤ人の歴史を学んでいた妻と奇跡の出会いがありました。そしてわたしたちは一緒に住むようになりました。彼女が大学を卒業した後に２人でイスラエルに移り住みましたが、２年後、政治情勢が変化したことからイスラエルにはしばらくいないほうがいいと判断して、再び日本にもどってきました。わたしの性格上デスクワークは難しそうだったので、趣味だった家具づくりを仕事にしようと決めました。しばらく注文家具会社で修行して、子どもができたのを機会に秩父の田舎に引っ越し、妻と一緒に「木工房ナガリ家」を開きました。

そういうわけで、わたしはもう40年以上日本で暮らしています。たまに日本の人から「ダニーさんは日本語がお上手ですね」と驚いたように言われますが、そういうときは「まあ、あなたもとっても日本語がお上手ですね！」と返事をします（笑）。

## 戦闘機はかっこいい？

わたしは、パイロット養成コースに所属していたとき、訓練のためにフランス製のフーガ・マジステール戦闘機に合計80回乗りました。かっこいいでしょう？　本当のところを言ってくださいね。この質問をすると小学生はみんなうなずきます。中学生はきょろきょろとまわりの反応をうかがいます（笑）。実際、当時はわたしも自分がかっこいいと思っていました。

なぜ、わたしたちは空を飛ぶ戦闘機を見るとかっこいいと思うのでしょうか。「犯人」はそう、映画スターのトム・クルーズです（笑）。映画『トップガン』で、トム・クルーズはF14戦闘機に乗って空を飛びまわります。そして着陸したらとびきりの美人と結婚します。最近では、続編の『トップガン マーヴェリック』も制作されました。

先日、イスラエル空軍のフェイスブックに、「月光に踊る」というキャプションとともに戦闘ヘリ「アパッチ」の写真が掲載されていました。アップされて数時間で数千人が「いいね」をしています。きれいな月あかりのもとで、自由自在に空を飛ぶ。なんてステキな写真！

でも、考えてください。これらの機械の目的はなんでしょうか。写真のアパッチをよく見ると、ヘリの両脇には爆弾がついています。ヘリに乗っている人にはかっこいいかもしれないけれど、ヘリの下にいてこの爆弾が自分に落ちてくるかもと想像したら、とてもかっこいいなんて思えません。

わたしの住んでいる埼玉県にある自衛隊入間基地では、毎年11月3日に航空祭があります。11月3日は文化の日です。なぜ文化の日に戦闘機が飛ぶのでしょう。「戦闘機は文化

戦闘機
かっこいい!!
最強の戦闘ヘリ
かっこいい〜
AH-64
アパッチ
…
考えてみて。この機械はなんのために作られたか
その爆弾が自分に落ちてくると考えたら、どう?
敵を倒すため…?
かっ…こわい!!!

© ママ崎ママ

の一つです」と言いたいのでしょうか。

文化といえば、日本の床の間にはよく「刀」が飾られていますね。刀は、美術品すなわち文化でしょうか。「戦争はイヤだ、武器は絶対ダメ」と主張している人たちの中にも、「刀は武器ではなく、美術品です」と考える人はけっこういます。

でも、わたしからすると、刀は美術品でも文化でも何でもなく、人を殺す道具にしか見えません。あくまでもこれはわたしの意見です。わたしが正しいとか、わたしとは違うことを考える人が間違いだと言っているのではありません。ただ、わたしは講演会で「刀が武器だと思う人？」と聞いてみたことがあります。そうしたら、全員が手を挙げた県がありました。沖縄県です。沖縄では、戦争のときに日本刀を持った日本兵によっておどされたり、集団自決を迫られたりしました。だから沖縄の人にとって刀は人を殺す道具で、それ以外の何物でもないのです。

## 悪は戦争　ウクライナとロシアに平和を

わたしの考えでは、戦闘機も戦闘用ヘリも、戦車も潜水艦も、ミサイルも爆弾も、ピストルも刀も、ただの人を殺す道具です。これらの道具を使うとどうなるのかというと、戦争になります。

ロシアとウクライナという２つの国のあいだで、２０２２年２月に戦争が始まりました。どちらが善でどちらが悪だと言い切れるでしょうか。わたしは、ロシアのプーチン大統領ともウクライナのゼレンスキー大統領とも話したことがないし、一緒にワインを飲んだこともないので（笑）、本当のところはよくわかりません。でも日本では、なんとなくプーチンだけが悪で、ゼレンスキーは善となっている。「今回のことは武力によって解決するしかない」と言う人が増えています。

けれども、一度でも武器の存在を肯定してしまったら、わたしたちは次のことに悩まなくてはならなくなります。すなわち、これから拡大していくであろうイスラエルとパレスチナの争いで、イスラエルに武器を渡すのか、パレスチナに武器を渡すのか。そして、政府がどちらかに決めたら、わたしたち国民もその責任を負わないといけなくなるのです。

「ロシアとウクライナに平和」のポスターを持って
スタンディング行動

善と悪をどのように見分けるかは、とても簡単です。悪は戦争です。ロシアでもウクライナでもありません。イスラエルでもパレスチナでもありません。

秩父市役所の隣の歴史文化伝承館に「ウクライナに平和を」という看板が掲げられています。わたしは毎月1回、3日に、秩父郡皆野町でスタンディング行動をやっていますが、「ロシアとウクライナに平和を」「全ての暴力に反対します」とプラカードを掲げます。平和とは2つの国でつくるもので、ひとつの国ではつくれないのです。ロシアにも平和がこなければ、ウクライナにも平和はきません。それは、イスラエルとパレスチナでも同じです。

## ダブスタ＝ダブルスタンダードを考える

「侵略反対、ウクライナに武器を」と言う人がいます。でも、その人は、2001年にアメリカがアフガニスタンを侵略したとき、「アフガニスタンに武器を」と言ったでしょうか。おそらく言っていないと思います。このときのアフガニスタン側の民間人死者は約5万人です。2003〜2011年にアメリカがイラクを侵略したときも、世界は黙っていました。

また、わたしたちはウクライナから避難してきた人を助けなければいけないと感じますが、同じように戦争や紛争によって難民となったシリア人やパレスチナ人、ミャンマー人や南スーダン人を助けてはきませんでした。パレスチナ人はイスラエルによって住んでいた土地を追い出され、75年間も難民となっています。

「ダブスタ」という言葉を知っていますか。「ダブルスタンダード」のことです。相手によって判断基準を変えることです。こっちの人たちは助けたいと思うけれども、同じ境遇のあっちの人たちを助けたいと思わない。なぜでしょうか。

わたしは2つの理由があると思います。ひとつは「白人ファースト」。白人のウクライナ人が難民になるのは気の毒だ、助けようと思うけれど、イスラム系の人が難民になっても仕方がないと思う。人種差別の問題でもあります。日本は白人ではなくアジア人なのに、アジアの難民に対して冷たいのは不思議ですね。

もうひとつは、戦争はビジネスチャンスだからです。ウクライナが世界中から支援を受けて、アメリカやヨーロッパの国々から武器を買えば、それらの国にお金が入ります。だからそういう国が「ウクライナを支援しましょう」と言うのはおかしくありません。でも、パレスチナは、イスラエルが周囲を封鎖しているからおおっぴらに武器を買えません。パレスチナを応援しても経済的にはいいことがありません。

２０２３年8月18日付けのニューヨークタイムズ紙で「ウクライナ戦争、両軍の死傷者50万人に迫ると米推計」と報じられました。今はもっと増えているでしょう。もう戦争はやめようと言いたくなりますが、同時期にＮＡＴＯとイギリスの高官は「ウクライナに供給する爆弾が不足」と警告しました。そして各国の政府や防衛機器メーカーに、もっと早いテンポで生産を拡大するよう促しました。もっと武器をつくろう、もっと武器をつくれと言ったのです。

武器産業は、とにかく武器が売れればもうかります。それで人が何人死のうが知ったことではありません。武器産業にとって、平和になるのは困ったことなのです。

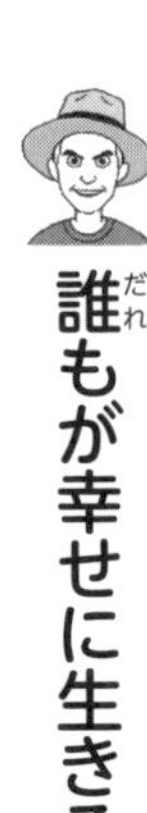

## 誰もが幸せに生きる権利がある

『マイケル・ムーアの世界侵略のススメ』という映画を見たことがありますか。チャンスがあればぜひ見てください。ジャーナリストで映画監督のマイケル・ムーアはいろんな国に行き、その国のすばらしい「宝」をひとつアメリカに持って帰ろうとします。

彼は、生徒の学力が世界でトップレベルのフィンランドに行き、役人や学校の先生たちにいろいろな質問をしてまわります。ある数学の先生は、「生徒たちに、自分も他人も尊重できて、幸せに生きる方法を教えています」と言います。それを聞いてマイケル・ムーアが、「えっ？　数学教師の一番の願いが、卒業後に生徒が幸せになることなのですか」とびっくりして問うと、「そりゃそうだよ」とその先生は答えるのです。

こんなふうに言う先生は日本にあまりいないかもしれませんが、この先生の言葉は人生の真実をついています。教えなくてはならない一番大事なこと、それは誰にでも幸せに生きる権利があること、つまり人権があるということです。いろいろ難しいことを考えなくていいのです。たとえ対案をまったく出せなくても、わたしたちには戦争や環境汚染、原発のない世界を要求する権利があります。なぜかと言うと、わたしたちには幸せに生きる権利＝人権があるからです。

「あなたは電気をつくれますか」と聞かれて、「いいえ、つくれません」と答えると、「じゃあ、あなたは原発反対を言うんじゃない」と言われたりします。しかし、こういう反論はおかしいです。電気をつくれるかつくれないかは関係ありません。わたしたちには人権があるから、戦争や環境汚染、原発のない世界を要求できます。人権というのは、そういうものなのです。

私たちは
生まれた時から
あるものを持っている
どんな人でも持っている
むずかしいことは
考えなくてOK
あなたが何を
できなくてもOK
私のも大事
あなたのも大事
それは人権
幸せに生きる
権利です

©ママ崎ママ

## 人権問題の中に「差別」があるのはなぜ？

日本ではいろいろな学校や自治体で、「人権週間」などの機会に人権講座を開いています。もちろんすばらしい試みで、わたしも話をするように呼ばれることがあります。

ただひとつ、びっくりしたことがあります。国、県、市の教育委員会から認められた人権問題以外には触れてはいけないということです。人権問題の中には、障がい者差別問題、外国人差別問題、女性差別問題、部落差別問題、ＬＧＢＴＱ差別問題などいろいろな問題があります。どれも大事でどれも話さなくてはいけない、どれも解決しなくてはいけない問題です。でも、人権として扱っていいという「範囲」に入れてもらえない問題があるようなのです。

２０１１年の原発事故をめぐる福島県民の人権問題は、学校ではタブーな場合が多いです。沖縄県で米軍が引き起こすさまざまな問題についても、学校では歓迎されません。最近で言えば、原発事故によって生まれた汚染水の海中放出問題、これもまだまだ人権問題として学校で話題にされていません。

わたしがこういう状況(じょうきょう)を見て思うのは、人権問題の中に「差別」があるということです。でも、人権問題を知りたければ、人権問題の中で差別をしてはいけません。この人権については話していいけれど、この人権については話してはいけないとするのはおかしいです。

## 「LGBTQの人は手を挙げてください」と聞けない社会

みなさんの中で、左利きの人はいますか。左利きの人は日本ではだいたい人口の10％くらいです。わたしが学校で話すときに「左利きの人はいますか？」と聞くと、600人の生徒だったら、だいたい60人くらいが手を挙げます。

実は、日本では、同じくらいの割合でLGBTQの人がいるはずなのです。LGBTQの人の割合もだいたい10％くらいだと言われています。[*] 左利きであることも、LGBTQであることも、生まれもった性質であって、自然のことです（念のため、左利きの人がLGBTQだということではありませんよ）。

＊LGBT総合研究所「LGBT意識行動調査2019」による。

でも「左利きの人は手を挙げてください」と聞くのも、そのように聞かれて手を挙げるのも平気ですが、「LGBTQの人は手を挙げてください」とはなかなか聞けないし、手を挙げる人もいません。

もしかしたら、100年前は「左利きだとは他人に言わないほうがいい」という社会だったかもしれませんね。でも今は「わたしは左利きです」と言える世の中です。右利きか、左利きかで差別されたり、いやな思いをしたりすることはありません。

もし、「あなたはLGBTQですか」と正々堂々と聞けない、「わたしはそうです」と正々堂々と手を挙げられないとしたら、性的指向や性的アイデンティティ（SOGI）の分野で、まだまだ日本は人権問題を抱（かか）えているのだということを頭に入れておいてくださいね。

## アウシュヴィッツで刻まれた「マイナンバー」

人権問題を考える際、ユダヤにルーツをもつイスラエル人としてどうしても話したいことがあります。第2次世界大戦で「ホロコースト」というユダヤ人大虐殺（だいぎゃくさつ）がありました。ナチスによって、600万人のユダヤ人が殺されました。その中にはわたしの親せきもふくまれています。

ナチスドイツは、ヨーロッパ各地に強制収容所をつくってそこにユダヤ人を集め、強制労働をさせたり、殺したりしました。その中でも最大規模のものが、アウシュヴィッツ＝ビルケナウ強制収容所で、ポーランドにあります。アウシュヴィッツではユダヤ人を殺しただけでなく、人体実験をおこないました。日本軍も、第2次世界大戦時に中国で捕虜などをつかって人体実験をやりましたね。そう、７３１部隊です。

アウシュヴィッツで忘れることができないのは、収容された人たちの腕に刻まれた番号です。アウシュヴィッツを生き延びた人たちの左腕には、今も数字が刻まれています。イスラエルでわたしの家の近所に住んでいた人の腕にもありました。

わたしの祖父は１９２４年にドイツからイスラエルに来て、北部の「キブツ」（ユダヤの伝統的な農業共同体）に住み、93歳で亡くなりました。そのキブツでの聞き取り調査の記録に、祖父の証言がＡ４判14ページの文書として残っています。祖父はアウシュヴィッツで双子の兄たちを亡くしました。でもそれについて書かれているのは、14ページのうち1行だけです。「残念、脱出できなかった」と。

詩人であるわたしの妹は、祖父の残した文書をもとに、「残念、脱出できなかった」という詩を書きました。

「残念、脱出できなかった」
祖父の兄たちについて、
住んでいたキブツの資料館に残したのは
この短い文のみ。
涙の泉も乾いたこと、
長い間手紙を待っていたこと、
自分の人生で誰に怒りを覚えたのか、
これらについては何も言わなかった。
わたしたちが何も問わなかったのはなぜ？
今、答える人はいない。

わたしの友人のお母さんの腕にも数字がありました。「A10871」という数字です。Aはアウシュヴィッツの意味です。では10871は何か。「マイナンバー」です。日本で最近やっていることを、80年前にすでにナチスドイツがやっていました。人間には一人ひとり大事な名前があります。生まれたときに、その子の幸せを

"לְצַעֲרִי הֵם לֹא הִסְפִּיקוּ לָצֵאת".
חָמֵשׁ מִילִים אָמַר סָבָא בְּרֵאָיוֹן לָאַרְכִיּוֹן הַקִּבּוּץ, עַל אֶחָיו
וְלֹא סִיפֵּר עַל מַעְיַן הַדְּמָעוֹת, שֶׁאָכְזַב
וְכַמָּה שָׁנִים אוּלַי עוֹד קִיוָּה לְמִכְתָּב
וּמָה הָיָה מְקוֹמָם בְּחַיָּיו
אֵיךְ לֹא שָׁאַלְנוּ.
וְאֵין מִי שֶׁיַּעֲנֶה עַכְשָׁיו

母方の祖父の家族写真（1920年頃）（左）、わたしの妹が書いた詩（右）

考えてつけられた名前です。人間がナンバーで片づけられた瞬間、人権はすみに追いやられます。

お母さんが亡くなったとき、子どもたちはお墓にこの数字を刻みました。友人は、「この数字が母の人生のすべてではなかったが、彼女の価値観とわたしの家族に何らかの影響を与えていたのは確かだ。忘れてはいけない」とわたしに説明してくれました。最近イスラエルの若者の中では、亡くなった祖父母の腕に刻まれていた数字を、自分の腕に刻むことが流行っているそうです。

腕に刻まれていた数字を墓に刻む

## 戦争は、政治の話？ 人権の話？

さて、日本の首相が、もし本当に平和を願うのならば、世界に対して日本の首相にしかできないことがあります。

ひとつめは、世界で唯一原爆が落とされた国として、二度と核兵器が使われないように世界の国々を説得することです。世界中で多くの国がウクライナに最新兵器を売っていますが、ウクライナが戦う相手であるロシアは核兵器を持っています。もし核戦争になったらどうなるのか一番わかっているのは、日本のはずです。

もうひとつは、素晴らしい日本国憲法を大切にすることです。日本の首相になったときには、どの首相も日本国憲法を守ると誓ったはずです。近隣諸国がどんなに目をつけたとしても、どんなにミサイルを飛ばしたとしても、日本は「日本国憲法を守らなければいけないので、戦争はできません。別の方法を考えましょう」と言わなければいけないのに、なかなか言いません。それどころか、参議院の議長（当時）は「命を顧みず祖国のために戦っている姿に感動」などと言っています（山東昭子議員、ウクライナ・ゼレンスキー大統領による国会演説を受けて、２０２２年3月23日）。本来は、平和への努力にこそ感動しなくてはいけないのではないでしょうか。

さらに日本は今、弾道ミサイル迎撃体制と敵基地攻撃能力を強化することによって、つまり軍事力を強化することによって日本を守るとさかんに宣伝しています。わたしにはこれらが、日本国民の人権も、他国の人たちの人権も考えていない行為だと感じられます。

さあ、これは政治の話でしょうか。わたしは学校で、現在起こっている戦争や平和の話をするときに、「これは政治の話ではなくて、人権そのものの話です」と言います。すると後ろの席に座って、「なぜこの人は政治の話をしているのか」と焦っていた先生たちが、人権の話だと聞いてホッとしているのがわかります（笑）。

## F35戦闘機が1時間飛ぶと、9年分の国民年金が消える

日本は、F35という戦闘機を買い始めました。三沢基地（青森県）にはすでに30機以上あります。最終的には147機を購入予定です。この機械は1時間飛ぶのに4万1986ドルかかります。円に換算すると、1時間約604万円です（1ドル＝144円として計算）。そのうち燃料費は1割で、残り9割はメインテナンスと部品にかかる金額です。戦闘機は、車のようにロードサービスに入れません（笑）。タイヤがパンクしたり、問題があってエンジンが動かなくなったりしたとき、電話1本で救援にかけつけてはくれません。ですから、戦闘機のすべての部品の寿命は、たとえばタイヤは300時間の飛行、操縦室の部品は400時間の飛行とあらかじめ厳格に決まっています。部品一つひとつの値段を、決められた寿命の時間で割ると、1時間いくらと出るのです。それを全部足すと604万円になります。

1時間飛ぶと
9年分の年金が
消えるF35
年金が
少なくて
生活が
苦しい
ねぇ・・・
あーガソリン代
高くて遠出も
できない・・・
1時間飛ぶと
約604万円が
かかるF35
レギュラー
ハイオク
あんなに払った
税金はどこに
行ったんだろ・・・
ここだよ〜〜〜
税金が高くて
子どもに好きな
ものも買って
あげられない・・・
147機
購入予定の
F35
あー
ひこうき
♪
給与明細

© ママ崎ママ

ちなみに国民年金の平均はいくらでしょう。インターネットを見たら月額5万６０００円という数字が出てきました。そうだとすると、戦闘機が1時間飛ぶごとにおよそ9年分の年金が消える計算になります。２機飛べば、18年間分の年金が消えます。戦闘機はいつ実戦に使われてもいいように演習をしています。人権を支える教育、医療、福祉、環境のために使われるはずのわたしたちの税金が、戦争の道具である武器に使われています。戦争・武器産業は、わたしたちの人権を踏みにじって成立しているのです。

## 限りない軍拡の道

中国の国防費は、年30兆円です。それに対して日本の防衛費は６・８兆円です（両国とも２０２３年度）。ざっと計算して、中国の国防費は日本の４・５倍です。中国の軍隊の兵士は２０４万人です。現在世界一大きな軍隊を持っているのは、アメリカでもロシアでもなく中国です。それに対し、日本の自衛隊は22万人です。定員は24万人ですが22万人しか集まっていません。

中国とのあいだで戦争になれば1週間で中国が勝利して終わると予想する専門家もいま

す。利口な人なら、この国とは戦争はしてはいけないとすぐにわかります。ただここで問題なのは、利口な人を首相にするのは非常に大変だということです（笑）。

では利口でない首相はどうするかというと、「憲法９条をやめて、自衛隊を軍隊にして防衛予算を増やせば、中国から守れます。ご安心ください」と言います。そうすればみんなが安心すると思っているのです。ところが、中国の国防費と同じだけの防衛予算にするためには、あと23兆円が必要です。このお金をどこから手に入れるのでしょうか。

実は、まったく同じ問題が日本で80年前に起こっていました。とんでもなく強いアメリカに対して、服も食べ物も足りない日本軍。アメリカは、戦争をやりながらディズニーの映画を作ってしまうほどの余裕がありました。では日本はどうしたか。家庭にある金属を回収することにしました。フライパンと鍋を溶かして爆弾を作ってアメリカとイギリスに勝つというわけです。もちろん勝てるはずはありません。

今は21世紀ですからフライパンも鍋もたくさんありますし、誰も取りにこないから、あわててフライパンを隠さなくても大丈夫ですよ（笑）。その代わりに、消費税を上げて、年金支給額を下げれば、たちまち23兆円を捻出できます。中国と同じ30兆円の軍事費、やったじゃん！　ではこの瞬間、中国は「負けた、降参だ」と言うでしょうか。言うはずはありません。

日本史の勉強を思い出してください。先の戦争で、中国を侵略したのは日本の側です。また「慰安婦問題」が起こるかもしれない、「南京事件」が起こるかもしれない。そう思って、中国は自分たちの国防費を50兆円に上げるでしょう。なぜわたしがそんなに確信をもって言えるかというと、イスラエルがそうだからです。イスラエルは75年間同じことをやっているのです。相手が軍事費を増やしたら、イスラエルも増やす、するとまた相手も増やす。終わりのない「いたちごっこ」です。

## 日本の防衛費は1秒あたり24万円

困るのは、戦争のいたちごっこにはお金がかかるということです。

さらに消費税を上げなくてはいけない、年金支給額を下げなくてはいけないという事態になります。日本では、年金の支給額を簡単に国が変えられる仕組みをつくりました。2022年度の国民年金の満額は約6万5000円でしたが、これが毎年0・4%ずつ下がれば、2052年には約5万7000円です。もし毎年4%ずつ下がれば約2万円になります。年金2万円で生活できる人がいれば、わたしにやり方を教えてください（笑）。

ただでさえ、医療費の負担増、ガソリン代の高騰、食料品や電気代の値上げなどで、生活は苦しくなっています。

日本の防衛費は、２０２４年には7兆７０００億円へと大幅に増えます。そう言っても、一般市民はピンときませんね。そこで、７兆円７０００億円を３６５日で割って、１日あたりの防衛費を出してみましょう。するとおよそ２１１億円。まだピンときませんね。さらに24時間で割ると、１時間あたり防衛費は約８億円。それを３６００秒で割ります。さあ１秒の防衛費が出ました。１秒あたり24万円です。これくらいの数字になると、どれだけ多くのお金であるかがピンとくるようになります。ご飯を食べているときも、お風呂に入っているときも、寝ているときも、１秒ごとに24万円。お盆も正月も関係ありません。日本は今後、防衛費をＧＤＰの１％から２％に上げようと言っているので、１秒あたり48万円になります。

結局そのお金の出所は国民の税金です。日本政府は所得税増税も考えているようです。イージス・システム搭載艦や新型迎撃ミサイルを購入するためです。日本の防衛費のために、わたしたちの生活、つまり人権にしわ寄せがきます。

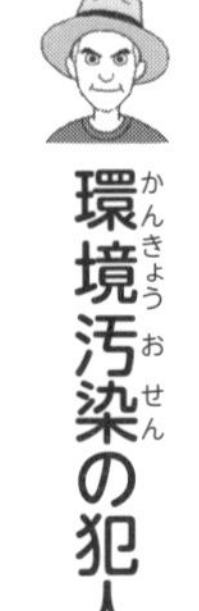

## 環境汚染の犯人

もう一度F35戦闘機の話にもどりましょう。このF35戦闘機は、実は地球環境汚染の犯人でもあります。このF35が飛ぶためには、1時間で5600リットルのジェット燃料が必要です。車を運転する人で、ガソリンスタンドに行って、「5600リットルお願いします」と言う人はいませんね(笑)。でも、F35のパイロットは「今日は1時間動かすから、5600リットルお願いします」と平気で言うのです。

なお、戦闘機の燃料はガソリンではありません。ディーゼルでもありません。ジェット燃料は灯油に似ていて、もっと空気を汚染します。

戦闘機が1時間飛ぶとどのくらいの排気ガスを出すのか、車と比較して考えてみましょう。車が時速60キロで走って1時間3リットルのガソリンを消費すると仮定して、計算してみました。するとなんと、F35 1機が1時間飛ぶと、車1866台が1時間走ったのと同じくらいの排気ガスを出すことになります。わたしたちが電気自動車を買って「これで地球はきれいになった」と喜んでも、F35が1機飛んだら、1866台の車がどんどん地球を汚しているのと同じになるのです。しかも戦闘機はひとりぼっちが好きではなく(笑)、必ず仲間を連れて飛ぶのです。結果、地球をどんどん汚くしています。

## 海面上昇というドクターストップ

戦争はいつ止まるのかとよく聞かれますし、自分でも考えていますが、最近考えたひとつの答えを紹介します。

超ヘビースモーカーがいると想像してください。「ガンになるよ」と周りの家族はタバコをやめるように説得しています。しかしその人は「オレはやめない。おまえたちに何がわかるか」といばっています。しかし体調が悪くなり、病院に行き、お医者さんに「今日タバコをやめなければ2週間後に死にますよ」と言われます。そうしたら、その人はその瞬間にタバコをやめるでしょう。だったら40年前にやめればよかったのに、と思いますよね。

戦争も同じようなところがあります。戦争にドクターストップがかかったら、一発で戦争は止まるでしょう。戦争のドクターストップとは何かというと、温暖化による海面上昇です。南極でも北極でも氷がどんどん溶けています。50年前だったら誰も信じなかったでしょうが、近い将来、東京も上海もニューヨークもテルアビブもガザも、都市の半分は海の下になると言われています。そうなれば、間違いなく世界中のリーダーは「ちょっと待て。次の武器を買ってもしょうがない。次のミサイルを開発してもしょうがない。戦争はやめよう」となります。ドクターストップがかかったら、一瞬で戦争をやめるでしょう。だったら、今日やめればいい。戦争は絶対にやめられます。でも、甘えからやめないだけなのです。

その日が来るまで、わたしたちは座って待っていればいいのでしょうか。でも、わたしたちが座って待っているあいだに、太平洋の島はどんどん消えていきます。太平洋の島は自分には関係ないと思う人は、ただ座って待つのもありでしょう。けれども、自分は人間としては許せないと思えば、今から戦争反対の声をあげるしかないのです。

## ケンカはだめ　子どもでもわかる

学校や保育園で先生は「ケンカはダメ」と言いますが、家に帰るとウクライナとロシアが戦争をしています。そしてイスラエルとハマスも。「なぜ戦争をしているのに、何も言

こら〜!!
ケンカしちゃだめよ〜
どんな理由があったとしても暴力だけはだめだよ!!
イテテ…
おたがいどんな気もちなのかお話ししてごらん
そのためにおくちがあるんだから
あのね…
戦争が…
空爆が…
ママ、あの人たちおくちがないの？
ギクッ
ギクリ

© ママ崎ママ

われないの？」。子どもは当然そう思うでしょう。

子どもはケンカをしてはいけないけれど、大人はしていい。矛盾中の矛盾です。わたしは、逆なら、まだかわいいと思います。子どものケンカでは死にません。でも、大人のケンカでは絶対に人が死にます。戦争ほど、人権を奪うものはありません。

わたしは埼玉県長瀞のある保育園で20年間、「国際理解」というテーマで講演をやってきました。５歳の子どもたちに戦争はダメだと話をすると、すぐに理解してくれます。自分たちはケンカをしてはいけないと言われるのに、大人がケンカをしているのは矛盾であることが、５歳の子どもはちゃんとわかるのです。

## 戦争を止めるのは簡単なこと

ここからわたしの新説をお話しします。

わたしは１９５７年に生まれました。わたしが生まれた年の80年後、２０３７年に生まれる子どもは２０５０年に13歳で中学生になります。中学生になると世界史を学び始めます。そして２０２２年にウクライナとロシアに戦争があったと学ぶでしょう。

たしかに昔からずっと戦争がありました。20世紀に入ってからの大きなものでは、第1次世界大戦、第2次世界大戦、朝鮮（ちょうせん）戦争、中東戦争、ベトナム戦争、イラク戦争、アフガニスタン戦争。そして2022年にロシア・ウクライナ戦争。それらのあいだにも大小の戦争が起こっています。

このように戦争のことばかりを学校で勉強すると、戦争は止められないと思うようになるでしょう。ある大学で講演をしたとき、ひとりの留学生が「戦争は昔からあったし、今もあるし、これからも続く。絶対に止められるはずがない」と発言しました。戦争は人間の本能、だからいつも戦いがあると言う人もいます。第2次世界大戦後、ヨーロッパでは二度と戦争はないと思ったのに、結局ロシア・ウクライナ戦争が起きてしまいました。

しかし、考えてみてください。ヨーロッパには全部で54か国があります（旧ソ連の国々をふくむ）。今回戦っているロシアとウクライナはそのうちの2か国です。他の52か国では戦争をやっていません。ふつうの生活が続いています。フランス人はカフェオレを飲み、イタリア人はピザを食べ、スペイン人はフラメンコを踊（おど）っています。生活は止まっていないのです。ところが2050年に子どもたちが勉強をするとき、そのことには触（ふ）れないでしょう。ヨーロッパで戦争がありました、と言うのです。ですから人間はずっと戦争をしている、と思ってしまうのです。

2023年、世界の人口は80億4500万人です。そのうちロシアの人口は1億4440万人で、ウクライナの人口は3670万人です。世界の人口で考えると、世界人口の98%の人たちはいわゆる戦争をやっていません(国内戦をのぞく)。戦争をやっているのは2%です。第1次世界大戦と第2次世界大戦以外は、どの時代も戦争と直接関わらなかった人たちの方が圧倒的に多かったし、どの時代でも戦争のない地域の方が多かったのです。

そう考えると、戦争を止めるのは簡単なことに思えてきます。世界規模でいつも戦争があったと思えば、わたしたちの力で止めるのは無理だとなるかもしれないけれど、人類の歴史上戦争があったのは限られた期間だったと知れば、戦争を止められると希望が生まれるのです。

わたしたちは歴史を学びますが、歴史に学んでいません。戦争がいつ始まったのか、なぜ始まったのか、何が引き金となったのかなどは一生懸命(けんめい)暗記をしますが、戦争を避(さ)ける方法についてはあまり学びません。だから「戦争は昔からあったし、今後も起こる」、「戦争は人間の本能」と思いこまされ、平和はおとぎ話だとしか思わない次の世代が誕生してしまうのです。

## 武器ではなく心を使おう

30年前と今とで一番変わったことは何かというと、ボタンひとつで情報を得られるようになったことです。しかしわたしたちの脳の容量は30年前と変わっていません。そうすると、わたしたちは脳に入りきらない大事なことをどんどん忘れていきます。どこかに情報は残っているのでまた探すことはできるかと思っても、探せないのです。新しい情報量が多いので過去の情報を探し出す時間がありません。昨日のニュースはどうだったろうと思っても見つからなくて、また出るだろうと思っているうちに消えてしまいます。

ものすごく大事な情報もあるし、意味のない情報もあります。正しい情報もあるし、まったくのフェイク・ニュースもあります。わたしたちは神様ではないので、世の中で起こっていることをすべて把握(はあく)し、理解することはできません。日本に原発がなければ電気が足りないと言う教授もいますし、原発はなくても大丈夫(だいじょうぶ)だと言う専門家もいます。日本を守るためには軍事力を増強しないといけないと言うジャーナリストもいるし、軍事力に頼(たよ)ることはかえって危険だと言う研究者もいます。

では、どうやって見分ければいいでしょうか。これらの情報を判断するときに使うもの、それはハート、心です。わたしは、保育園で子どもたちに、武器ではなく心を使う人になりましょうと言っています。川で石を集めてきて大きなハートマークに並べて、「心を使う」ってどういうことかわかる？と聞くと、みんな一生懸命考えます。たとえば、友だちが困っているときは助けてあげる。おばあちゃんが重い荷物を持って大変そうなときは持ってあげる。つまり、自分のことだけを考えるのではなくて、ほかの人も幸せになる、うれしくなることをするのが、心を使うことだよと言うと、うなずいてくれます。

わたしは今、2つのことを同時にやっています。それは、ものづくりと社会活動です。

ものづくりとしてわたしが目指しているのは、次世代が使える家具づくりです。わたしが使う木が育つまで100年かかります。その木でわたしが使い捨ての家具をつくれば、木にも失礼です。そうならないように、わたしは次世代でも使える家具をつくろうとしています。

ただ、次世代も使える家具を制作するためには、もうひとつ

子どもたちと川原の石で作ったハートマーク

の条件があります。それは、次世代が使える、つまり住める地球をつくることです。その条件づくりをするためにわたしは社会活動をやっています。バカげた戦争やとんでもない原発事故によって、次世代が地球に住めなくなったら、いくらわたしが丈夫な家具をつくったとしても、何の意味もありません。

世の中は真っ暗ではありません。真っ暗な世の中だったらこういう話はできません。これから本当に真っ暗な世の中になるか、それとも希望あふれる世の中になるかは、わたしたち次第です。希望あふれる世の中にしたければ、人間として一番使わなくてはいけないのは心なのです。

わたしが制作したイス

＊ダニー・ネフセタイ講演「89分で伝えられること」（2023年10月8日、「古民家ギャラリーかぐや」埼玉県比企郡）での話をもとに、加筆修正をおこないました。

# 第3章　声をあげる——イスラエルで、そして日本で

ジャーナリスト・
土井敏邦さん
との対話

土井敏邦さんは、１９８０年代からパレスチナ・イスラエルに通い、ジャーナリストとして取材を続けています。土井さんが監督をつとめた『沈黙を破る』（２００９年）は、パレスチナ人への加害行為を証言する元イスラエル軍兵士の若者グループを取材したドキュメンタリー映画です。２０２２年には『愛国の告白—沈黙を破る・Ｐａｒｔ２—』が公開されました。

## 自分たちの「正しさ」を信じる軍人たち

**ダニー**　「沈黙を破る」（Breaking the Silence）というＮＧＯ団体の名前は知っていたけれど、かれらの具体的な活動は、土井さんの映画を見て初めて知りました。「沈黙を破る」のメンバーたちは陸軍所属で、わたしは空軍所属だったという違いはあるけれど、かれらの気持ちはすごくよくわかります。

イスラエル兵たちが真夜中に突然パレスチナ人一家の家にやって来て、身分証明書を出せと銃をつきつける——これは、ふつうに考えればひどいことだけれど、イスラエル軍にとっては、イスラエル人を守るための「正しい」こと。軍人は、自分たちのやっていることは正しいと思っています。わたしも軍隊にいるときには、自分のやっていることは正しいと信じていました。みんなそう思っているし、そう思わないとやっていけない。軍隊というのは、そういうところです。

２００２年、イスラエル軍がガザ攻撃をした後の、空軍トップ（当時）のダン・ハルツの発言が象徴的です。インタビューで「一般市民が住んでいるビルに1トンの爆弾を落とす。そのときに何を感じるか？」と聞かれて、彼の答えは、「感じることはひとつだけ。1トンの爆弾を戦闘機から離すとき、翼がちょっとゆれる。後は何も感じない」。これは今もイスラエルで一種の決まり文句みたいになっています。「何もなかったよ」と言うときに、「翼がちょっとゆれただけ」と言うのです。

「沈黙を破る」のメンバーたちは、自分たちがやっていることに疑問を感じる数少ない人たちです。そして、国内でバッシングされながらも、証言活動をしたり、イスラエルの占領地ツアーをおこなったりしている。かれらの活動には、すごく希望を感じましたね。

**土井**　ダニーさんはわたしの映画『愛国の告白』の最初の試写会に来てくれました。劇場公開のときは上映後のトークにも登場してもらいましたね。

NGO「沈黙を破る」の創設者で代表（取材当時）のユダ・シャウール氏　©土井敏邦

## 「ユダヤ人が一番の被害者」という意識

**土井**　２０２３年10月７日のハマスによる奇襲攻撃で、１２００人のイスラエル人、しかも兵士だけではなく民間人も殺されました。これはおそらくイスラエルの歴史上なかったことだと思います。

**ダニー**　ホロコースト以来のショックな出来事ですね。イスラエルが建国されてからは初めてのことです。

**土井**　これまでの戦争のときでさえ、こういうことはなかったですね。

**ダニー**　１９７３年の第４次中東戦争では約２２００人のイスラエル人が殺されましたが、ほとんど兵士だったから、民間人に犠牲はありませんでした。２０００年代前半には、パレスチナによる自爆攻撃が頻発して、多いときには30人近い民間人が巻きこまれて亡くなるなどして、国中が大騒ぎになりました。それと比べても今回はけた違いに多いから、イスラエルはしばらくショックから立ち直れないと思う。

**土井**　一方で、イスラエルはパレスチナのガザ地区に報復攻撃をおこない、それによって1万2000人（2023年11月20日時点でのユニセフ調べ。12月末現在、ガザ地区保健当局によると約2万人に拡大）のパレスチナ人が殺されて、半分近くが子どもだと言います。

もちろん1200人の殺戮(さつりく)という衝撃(しょうげき)が大きかったのはわかるけれど、これだけ多くのパレスチナ人が殺されていることに、大半のイスラエル人は「かわいそうね」と思う以上の痛みは感じていないようです。自分と同じ人間が殺されているという痛みではありません。イスラエル人の命と重さと、アラブ人のそれとは違(ちが)うとでも言わんばかりです。そういうメンタリティはどこからくるのでしょうか？

**ダニー**　イスラエルでは、今回の事件を「第2のホロコースト」[*]と呼ぶ人もいます。ホロコーストから得た教訓は「自分たちのことは自分たちの力で守るしかない」ということだと、わたしたちは小さいころから聞かされています。誰(だれ)かがわたしたちを殺そうとしたら、こっちが先に殺さないといけない。ホロコーストのような悲劇に二度とおそわれないためには、他の人たちを殺しても仕方ない。「レオラム　ロ　オッド」（Never again の意）というヘブライ語があります。ホロコーストを繰(く)り返させない、ということです。

＊ホロコーストとは、1933年以降ドイツのナチス政権によっておこなわれた、ユダヤ人に対する組織的な大量虐殺(ぎゃくさつ)・迫害(はくがい)。約600万人が犠牲(ぎせい)になったと言われている。（⬇第1章16ページ、第2章65ページを参照）

ホロコーストは、マジックワードです。この言葉を出すと、いつだってユダヤ人が一番の被害者で、悲劇の主人公だとなります。だから、パレスチナ人が1万2000人殺されたとしても、ホロコーストと比べればちっぽけなものだよ、と受けとめます。

わたし自身は、ホロコーストの本当の教訓は、ユダヤ人だけでなくすべての人にこういった悲劇がおこらないようにすること、つまり何よりも人権が大事ということだと思っているけれど、そういうふうに考える人はすごく少ないね。

**土井**　実は、わたしもそのことにずっと不満をもっています。イスラエル人にインタビューするでしょう。「あなたがたはホロコーストを体験した民族なのに、どうして同じようなことをパレスチナ人に対しておこなうのか」と。すると、すぐに言われるんです。「君はホロコーストを本当に知っているのか。ホロコーストはどんな悲劇とも比べることはできない。二度とホロコーストを起こさないためにわれわれは強くなる必要がある。生き残るために少々の犠牲は仕方ない」。わたしはこれを「ホロコーストメンタリティ」と呼んでいるけれど、どうでしょうか？

**ダニー**　そのとおりだね。

## ユダヤ人の優越意識はどこからくる？

**土井**　先日、イスラエルの国防大臣が「わたしたちは人間動物（human animal）と戦っている」と発言したと報じられました（２０２３年10月９日）。この発言にもみられるように、ユダヤ人には、自分たちはアラブ人よりも優れた人間なんだという優越意識が、１９４８年の建国以来ずっとあるように思います。

１９４８年の第１次中東戦争で、70万人ものアラブ人がそれまで住んでいた故郷を追い出されました。アラブではこれを「ナクバ」（災厄）と呼びますが、イスラエルが実際に殺すこともふくめて銃で脅して強制的にアラブ人を追いやったわけです。よほどの優越意識がないと、こんなことはできないですよね。

**ダニー**　たしかに、イスラエルは近隣のアラブ諸国を見下していると思います。自分たちは特別だとの意識があります。

**土井**　そういう優越意識、差別意識は学校で教えられるのですか？

**ダニー**　いや、教育ではないですね。社会の雰囲気と言えばいいのかな。大人の言葉づかいや、テレビから流れてくる言い方でなんとなくそう思ってしまいます。

わたしは1957年、イスラエル独立の9年後に生まれました。家は農家。村には共同の畑があって、その中に「シュマリ」と「クバニ」という名前がついた畑があったんです。小さいころ、父親と畑仕事に行って、「シュマリって何？　クバニって何？」ときくでしょう。すると、その答えは「ああ、昔ここにあったアラブ人の村の名前だ」。「え、じゃあその人たちはどこに行ったの？」。父親は「みんな逃げちゃった」。イスラエルが土地を奪ったとは言いませんでした。

父は独立戦争（第1次中東戦争）のときに従軍していましたから、イスラエルがアラブ人にしたことを知らないはずはありません。でも本当のことを言うのはタブーだったのかもしれません。

アラブ人の村は予算がかけられていなくて、舗装されないままの砂利道です。ごみ回収もちゃんとおこなわれないから汚い。そういう様子をずっと目にしていると、アラブ人だから汚いところに住んでいるんだ、と思うようになっていきます。

**土井**　イスラエル国内にもアラブ人がいますよね。

**ダニー**　そう、イスラエルの人口の2割はアラブ人です。ヨルダン川西岸地区やガザ地区のパレスチナ人とは違って、イスラエル国籍をもっているアラブ人。同じ国籍でありながら、かれらは差別を受けています。施設(しせつ)に入るときのセキュリティーチェックは、ユダヤ人とアラブ人では厳しさがぜんぜん違(ちが)います。ユダヤ人かアラブ人かはだいたい外見でわかるから。空港のパスポートコントロールでも、ユダヤ人はさっさと通れるのに、アラブ人は３時間も４時間も待たされます。それが当たり前になって、かれらと自分たちとは違(ちが)うと思ってしまいます。

**土井**　ユダヤ人の優越(ゆうえつ)意識、つまりユダヤ人が一番なんだという「ユダヤ人第一主義」は、さきほどのホロコーストの体験からつながってくるのでしょうか？　それとも、「神様から選ばれた民だ」というユダヤ教の宗教的な認識からくるのでしょうか？

**ダニー**　両方あると思います。日本人には想像しにくいかもしれないですが、イスラエルでは学校の授業で旧約聖書を学びます。小学１年生から高校３年生まで12年間、毎週３〜４時間必修科目として勉強するのです。ただし、宗教としてではなく、自分たちの歴史と文化として。イスラエルに住むユダヤ人のうち過半数はユダヤ教信者ではありません。でも全員が、聖書の話を暗記しています。

**土井**　つまり、歴史の事実として聖書を読むわけですか？

**ダニー**　そうなりますね。

**土井**　聖書から、ユダヤ人が「選ばれた民」という考えが生まれてくるのでしょうか？

**ダニー**　そうですね。わたしも、自分たちユダヤ人は特別だとずっと信じていました。ふつうに考えれば、もともといた人たちを追い出して自分たちの土地にするなんて、とんでもないことです。だけど、神様が約束した土地だからいいんだと、旧約聖書を読んでいるうちに考えるようになってしまいます。神様は信じていないんですけれどね。

**土井**　すると、神様に選ばれているという優越意識は、直接宗教とは関係がないのですか？

**ダニー**　言われてみれば、純粋な宗教とは違う次元かもしれませんね。ユダヤ教信者だったら「神様から与えられた」という意識がもっと強くなるかもしれないけれど、信者ではない一般の人も、自分たちユダヤ人は特別な民族だと思っていますからね。

そしてその延長線上で、多くのユダヤ人が、自分たちは世界で一番頭のいい民族だと本気で考えています。大真面目な顔でそう言うのです。その証拠として、ユダヤ人は世界人口の0・2％しかいないけれど、ノーベル賞受賞者の5人に1人がユダヤ人だというわけです。だからわたしはこんな冗談を言っています。「ノーベル賞をもらったユダヤ人のうち、9割はイスラエルにはいないよ。頭がいいから、イスラエルは住むところじゃないとちゃんとわかってる」（笑）

## イスラエル軍は「人道的」？

**土井**　イスラエル人のそういう意識が根底にあるから、現在のガザのような状況(じょうきょう)が生まれてくるわけですね。

家族が殺され、子どもを助けたくても薬がない、食べるのは1日に1回だけ、きれいな水がないから井戸水を飲んでいる、とガザの友人に聞いていて、胸が痛みます。こういうことは、イスラエル人に情報としては伝わらないのですか？

**ダニー**　伝わってはいるけれど、悪いのはハマスだ、ハマスを選んだあなたたちが悪いとなっているのだと思います。先日イスラエルのインターネットのポータルサイト「ワラ(Walla!)」に、「今回の戦争でパレスチナ人を苦しめているのは、イスラエルではなくハマスだ」という大きな見出しの記事が出ました。わたしたちではなく、お前たちの責任だというわけです。

しかも、イスラエルでは、イスラエル軍は一般(いっぱん)市民を殺さないように努力する「人道的」な軍隊だと信じられています。もっとひどいことになっていたはずなのに、イスラエル軍だからこれだけの犠牲者ですんでいる、しかも退避勧告まで出していると。こんなにたくさんの子どもを殺しておいてよく言うよ、と思うけれどね。ガザでがれきに埋もれて死んだ赤ちゃんのお母さんの痛みは、ハマスに子どもを殺されたイスラエルのお母さんの痛みと同じです。「人道的」に殺されてよかったなんて思うはずがありません。

**土井**　そのような中で、これまでパレスチナ人との和解のために活動してきたイスラエル人たちの立場はどうなっていますか？

**ダニー**　声をあげるのは大変な状況です。「ガザへの攻撃をやめろ」と言うだけで、裏切り者、非国民扱いです。わたしがフェイスブックで「ガザ攻撃はやりすぎでしょう」と書いただけで、「あなたはハマスの支援者だ」とすぐに書きこみをされました。「第2次世界大戦でお金のためにナチスに密告したヤツと同じだよ」とまで書かれました。

**土井**　『愛国の告白』の映画に出てくれたNGO「沈黙を破る」の元兵士たちも、しばらく実質的な活動ができないんじゃないでしょうかね。かれらはこれまでさえ、イスラエルの国会で名指しで批判され、事務所が襲われたりしてきましたから

NGO「沈黙を破る」のメンバー（取材当時）のノアム・ハユット氏　©土井敏邦

ね。

**ダニー**　難しいですよね。イスラエルの中から声をあげるのは、しばらく大変だと思う。

**土井**　日本も先の戦争で、真珠湾攻撃に成功した、南京を陥落した、バンザーイと国中がわき上がっているときに、「それは侵略戦争でしょ、やってはいけないことでしょ」と言う人がいたとしたら、非国民扱いされて、周りの人たちに袋叩きにあったはずでしょうからね。そういう意味では、今のイスラエル国内で、イスラエルがやっていることに疑問の声を出すのは、本当に大変なことだろうなと想像します。

**ダニー**　先日も、フェイスブックに「あんたみたいに国を裏切る人が日本にいるのはイスラエルの恥だ、イスラエル大使館はダニーを捕まえてほしい」とコメントした人がいました。わたしは何もイスラエルをつぶしたいと思っているわけじゃない、ただ「ガザ攻撃をやめろ」と言っただけです。

**土井**　ＮＧＯ「沈黙を破る」の若者たちもそうだし、イスラエル国内で占領や戦争に反対する記事を書くアミラ・ハスやギデオン・レヴィといったジャーナリストたちは、イスラエルの良心だと思ってきました。でも、それさえ許さない空気が生まれているのかもしれないですね。

**ダニー**　イスラエル人からすると、イスラエルのやっていることを批判する発言は、イスラエルの悪口をまき散らしているように感じるのでしょう。でも実際は、わたしの講演をきいて、反イスラエルになる人はいません。イスラエルの中にも戦争に反対する人がいるんだとほっとされることはありますが。

今、イスラエルでは、街のいたるところに人質を解放しろというポスターが張ってあります。国中が、ハマスをやっつけろというムードにおおわれています。ハマスに誘拐（ゆうかい）されたのは約２４０人。一方で、イスラエル国内には常に６０００～７０００人のパレスチナ人が拘束（こうそく）されているけれど、それは目に入らないのです。

イスラエルの街には、人質解放を求める掲示物があふれている

## 軍隊中心の国イスラエル

**ダニー**　イスラエルという国は、軍を中心に成り立っています。アラブ系イスラエル人をのぞいて18歳になると全員が兵役につきます（➡第1章27ページも参照）。男性は3年間、女性は2年間です。イスラエルでよく言われるのは「国が軍隊を持っているのではない、軍隊が国を持っているのだ」ということです。それくらい、国民のあらゆる生活が軍中心になっています。

みんなの憧れのヒーローは、戦闘機のパイロット。親にとって、息子が戦闘機パイロットになることほど名誉なことはありません。イスラエル人同士が初めて会ったら、まず「軍隊でどこの部隊にいた？」とたずねます。「どこの学校？」ではない。それで相手がどういう立場か、どういう人かがすぐにわかります。たいてい共通の知りあいが見つかったりして、すぐにつながりますから。

**土井**　へえ。

**ダニー**　もうひとつ、軍が身近であることがよくわかるエピソードがあります。イスラエルの街を歩くと、マシンガンを持った軍人たちがたくさん歩いています。カフェに入ると、隣にマシンガンが置いてあったりする。こわいと思うでしょう。でも、イスラエル人は逆です。マシンガンを見ると安心します。万が一テロリストがきても、マシンガンで守ってくれると思うから。武器を見て安心するなんてばかげているけれど、イスラエル人には、もうそのおかしさがわからないのです。

軍隊というのはこわいところで、どんなにいい人でもあっという間に変わってしまいます。イスラエルでも学校で「平和」教育をおこなっているけれど、たった1か月で立派な軍人になっちゃう。軍に入って武器を持つと、すごく力を感じるのです。自分には途方もない力があると勘違いしてしまいます。わたしにも経験があるからよくわかります。

軍隊時代、パイロット養成コースで低空飛行の練習をしていたとき、遊牧民のベドウィンがヒツジの群れを連れているのが目に入りました。すると、後ろに座っていた上官が「ちょっとからかってやろう」と言い出したのです。飛行機の高度を下げると、ヒツジは驚いて逃げていきます。わたしは自分が「わ、やった!」と興奮したのを覚えています。今考えるとひどいことをしたと思うけれど、当時は王様になったような気持ちでした。

**土井**　そうだったんですね。

**ダニー**　今回、ハマス戦闘員はすごく残虐なやり方でイスラエル人を殺しました。でも初めからそういうことをしようと思っていたわけじゃないと思います。その場で自分たちだけが力をもっているとわかると、楽しくなる。誰かが赤ん坊を殺したら、自分もやってしまう。言葉にするのも恥ずかしい行為だけど、感覚が麻痺してエスカレートしていったんじゃないかなと感じます。

**土井**　現地のパレスチナ人が言っていたことだけれど、想像するに、ハマスの指揮官はこういう殺し方をするとは計画していなかった。ところが、現場に行った兵士たちが、命令とは違う行動をしてしまったんじゃないかと。

**ダニー**　わたしもそう思います。やらなければ、「お前はイスラエル人の味方か」と言われてしまう。もし止めたりしたら裏切り者扱いで、下手をすればその場で殺されます。

**土井**　人間性を失うということですね。

**ダニー**　人間というのは、歯止めがきかなくなるものです。自分は絶対にそういうことをしないと言う人がいるけれど、その場にいたら無理です。戦争中の日本軍の南京虐殺もそうだったと思います。日本やナチスが特別だったのではありません。どの民族でも、誰でも、簡単にそういうふうになってしまう。始まってしまったら誰にも止められない。だから、そういう状況をつくらないことが大事なのです。

## イスラエルを離れて見えてきたこと

土井　被害妄想的になっているイスラエル人は、パレスチナ人の痛みがわからなくなっている。それが現在のイスラエルの空気だと思います。でも、ダニーさんはどうしてそこから抜け出すことができたのでしょうか？　日本にいるから？　他の多くのユダヤ人とは違う価値観をもてたのはなぜだと思いますか？

ダニー　外国に長く住んで、イスラエルを外から見ているから、冷静になれるということはあります。ただ、日本だからというわけではないかな。（戦争放棄をうたった）憲法9条のある日本に住んでいるからか、と言われたことがあるけれど、正直それはあまり関係ないね（笑）。

わたしがイスラエルにアラブ人差別があることを初めて意識したのは、今から30年前。日本で知り合った女性と結婚して、彼女のお母さんと一緒にイスラエルに滞在したときのことです。車で街を走っていたら、「ダニー、すごくきれいに道が舗装されている村と、砂利道のままの村とがあるのね」とお母さんが言いました。わたしは何気なく「こっちはユダヤ人の村で、あっちはアラブ人の村だから」と答えました。そうしたら「どうしてこんな違いがあるの？」と聞かれたのです。そのとき、初めて気がつきました。「ああ、そういえばぜんぜん違う。おかしいじゃないか」と。生まれたときからそうだったから、アラブ人が住むのはそういうところ、と思いこんでいたのです。ずっとイスラエルの中にいると、アラブ人の人権がどれほど踏みにじられているか気がつかないまま生活できてしまいます。

**土井**　一歩引いたところからイスラエルを見たからわかったんですね。

**ダニー**　あと、外国にいると、パレスチナ人やイラン人、シリア人などアラブ系の人たちとふつうに出会う機会があります。日本でお祭りにいくと、ケバブを売っているのはたいていイラン人。話しかけると、にこにこと答えてくれる。そうするとすぐに同じ人間だとわかります。でも、イスラエルにいると、シリア人やイラン人と顔を合わせることがないし、パレスチナ人たちとも話す機会はほぼありません。

中東にいればわたしたちは「敵」同士だけど、ここでは仲良く話せる。ということは、ＤＮＡに埋めこまれた、生まれつきの「敵」ではないということです。わたしたちは洗脳されたから、お互いを「敵」と思っているだけなのです。わたしには今、日本で知り合ったパレスチナ人の友人もいます。

イスラエルで教えられ、思いこんでいたことは作り話だったんじゃないか、と日本に住む中でだんだんわかっていきました。東京で、恋人と手をつないで歩いているイラン人を見て、わたしたちの青春と同じだと気づいたのです。映画『ガザ 素顔の日常』を見たのですが、若者たちはガザでもイスラエルでも同じじゃないかと思いました。ふつうの生活をしている。若者は若者らしく楽しみ、歌ったり踊ったりしている。チェロを弾く女性もいました。当然のことです。

でもこれがイスラエルだと、えっ、アラブ人にチェロが弾けるの?と思ってしまうのです。本当に失礼な話だけれど。たとえばわたしが小さいころ、「エジプト空軍」という単語を聞くとみんなで大笑いしたものです。「エジプトに戦闘機を飛ばせるはずがない、ラクダはどうにかなるだろうけど」って。でも、そのエジプト軍に、第4次中東戦争でイスラエル軍はやられてしまいます。

＊映画『ガザ 素顔の日常』 ガザに住む人たちの生活をつづったドキュメンタリー映画（2019年）。ガリー・キーン、アンドリュー・マコーネル監督。

パレスチナ人の友人（右）がシェフをつとめるアラブ地中海料理レストランで

## 触れ合う機会がないイスラエル人とパレスチナ人

**土井**　ダニーさん、イスラエル人がパレスチナ人を自分たちと同じ人間だと見られるようになるには、何が必要だと思いますか？

**ダニー**　まずは、同じ地域に住んでいるユダヤ人とアラブ人を保育園から一緒にしたらいいと思います。今はユダヤ人とアラブ人が別々の学校で勉強しているけれど、一緒に勉強すれば同じ人間だとわかる。なぜ同じ人間と戦わなくてはいけないんだという気持ちが生まれるはずです。3歳のときからの友だちを、18歳になって殺すことはできません。実際、イスラエル中部には「ネヴェ シャロム」という村があり、ユダヤ人とアラブ人がともに仲良く生活している例もあります。

それから、ユダヤ人はアラビア語、アラブ人はヘブライ語を習えばいい。そうすれば、会話ができるし、買い物もできます。実は、アラビア語とヘブライ語はわりと似ているのです（⬇第1章16ページ参照）。話しているのを聞くと、なんとなくわかる。少し勉強すれば、習得は早いはずです。

国家レベルで、ユダヤ人とアラブ人が一緒に取り組むプログラムをやる必要もあると思います。日本にイスラエル人とパレスチナ人の両方を招いて、一緒に過ごす相互理解のためのプログラム*があるでしょう。１週間たつと、どちらも仲良くなる。本当は、こういうプログラムをイスラエル国内でやらなくてはいけません。当然仲良くなるにきまっています。「世界で一番頭がいい民族」なんだから（笑）わかっているはず。わかっていて、わざとやらないのです。

＊ユダヤ系イスラエル人、アラブ系イスラエル人やヨルダン川西岸地区のパレスチナ人の若者を日本に招待し、日本の若者を交えて寝食を共にしながら、自身の考えや体験を語り合い、意見交換するプログラム。

**土井**　それはなぜですか？

**ダニー**　政府が、ユダヤ人にアラブ人と仲良くなってほしくないからでしょう。国民をコントロールするために、敵がいることはすごく楽です。

**土井**　わたしは第1次インティファーダ前の１９８０年代に、1年半イスラエル占領下のパレスチナ人地区に住んでいました。あのころは、パレスチナ人の難民キャンプで結婚式があると、イスラエル人がお祝いに来ていましたよ。多くの場合、パレスチナ人がイスラエル人のもとで働いていたのです。たとえ雇い主と労働者であっても、人間関係は生まれるわけです。親しくなれば、自分たちと同じ人間だと感じることも増えます。
**ダニー**　そうだよね。
**土井**　30～40年前と比べても、イスラエル人とパレスチナ人が触れ合う機会は格段に少なくなっています。今、パレスチナ人が出会うイスラエル人は「兵士」。イスラエル人が出会うパレスチナ人は「テロリスト」。自分の体験として、相手を同じ人間だと感じる機会がなくなったことが、敵対感情を大きくしているのではないかと思うのだけれど、どうでしょうか？
**ダニー**　そうだと思いますね。離れれば離れるほど、相手は実際以上に怖く感じられるものだから。
**土井**　やっぱり、ガザに住んでいる人たちもひとりの尊厳をもった人間だと伝えていかないとね。

## ハマスはどういう組織なのか

**土井**　ここで少し、長年現地を取材してきたジャーナリストとして、今回イスラエルに奇襲攻撃をおこなったイスラム組織「ハマス」の問題についても話をしたいと思います。

今回の第一報を聞いたとき、まず思ったのは、これはガザが大変なことになるということでした。それからイスラエル側の犠牲者が1200人だと知って、「これは今まで経験したことのない報復攻撃がイスラエルからおこなわれるはずだ」と思いました。2008年から2009年にかけてと、2014年にイスラエルによる大規模なガザ攻撃がありましたが、そのときガザにいた経験から想像できたのです。

ただ、わたしでもわかるくらいだから、これまでイスラエルの攻撃をいやというほど体験しているガザの人たちがわからないはずはありません。ましてや、ハマスはわかっていたはずです。

**ダニー**　おそらくそのとおりだね。

**土井**　もちろん、イスラエルの占領政策が許せないということが根底にあります。しかし今回、わたしは、ハマスに対しても本当に腹が立ちました。イスラエルの民間人をあんな残虐なやり方で殺したら、パレスチナの大義を失わせることになります。しかも、パレスチナ側にひどい犠牲が出ることがわかっていて、どうしてこういうことをするんだろうと。

2014年にハマスの幹部にインタビューする機会がありました。わたしは次のように聞きました。「あなたたちは、パレスチナの民衆がこれだけ苦しんでいるのに、どこにロケット弾を作る金があるのか。その金があるなら、民衆をもっと助ければいいじゃないか」と。そうしたら彼は、「人間はパンだけで生きているんじゃない、人間には尊厳がある。占領されている中で、あんたはパンだけを食ってればいいのか。戦わざるを得ないだろう」と答えました。そして、（穏健派ファタハ[*]の）アッバス議長を批判するのです。20年も30年もイスラエルと交渉しながら、何も得ていないと。

＊パレスチナ自治政府内の政党で、ＰＬＯ（パレスチナ解放機構）の主流派組織。２００６年のパレスチナ自治政府の議会選挙でハマスに大敗した。現在ファタハが支配するのはヨルダン川西岸地区のみで、ハマスがガザ地区を支配している。

わたしは「あなたの言うことはわかった」と言って、また聞きました。「じゃあ、ロケット弾を撃って何か変わったか？　あなた方は何を得たのか？」と。そうしたら、ふっと話を変えるのです。

そしてだんだんとわかってきました。ハマスがどういう組織なのか。つまり、ハマスも、パレスチナ人民衆を人間として見ていないのではないかと。

**ダニー**　そんなふうに思えるね。

## イスラエルに平和大臣を

**土井**　さっきダニーさんは、国を外から見る視点をもったことが、「洗脳」を解くきっかけになったと言いましたね。そして相手を「敵」ではなく、同じ人間だとみる機会をもつこと。このことは、イスラエルが本当の意味でヒューマンな国になっていくためのヒントではないかと思います。

そして、これは日本へのヒントでもあります。アジア各国からの労働者受け入れが課題になっているけれど、一対一の人間として向き合う機会をもつことが、どれほど相手の痛みを感じとるのに大切なことかと感じます。

**ダニー**　たしかに。たとえば難民問題では、日本人はウクライナ難民を支援するのに、同じアジアのミャンマーで発生している難民のことは無視しています。

**土井**　ダニーさんは、40年以上祖国から離れているイスラエル人として、もしイスラエルにアドバイスがあるとしたら、どういうことが考えられますか？

**ダニー**　イスラエルに平和大臣をつくることかな。イスラエルは、平和を望んでいると言いながら、これまで一度も平和大臣はいませんでした。イスラエルとエジプトが平和条約を結んだときに、それを仕切ったのは防衛大臣です。防衛大臣が考えているのは、武力でイスラエルを守ること。近隣諸国と本当に仲良くしようと思えば、平和大臣を設ける必要があります。その仕事はひとつ。どこと、どういうふうに平和を進めるか。それをまとめて、防衛大臣に提出すればいいのです。

現在の状況だけ見れば、イスラエルとパレスチナとの争いは永遠に続くように見えるかもしれません。でも、実は、1998年にイスラエルのテルアビブ市とパレスチナのガザ市は姉妹都市協定を結んだことがありました。たった25年前のことです。わたしの手元に

יום שישי 25 בספטמבר 1998

מילוא לוחץ ידיים עם ראש העיר עזה, עון שאווה (משמאל), וראש העיר ברצלונה, חואן קלוס מתיו, לאחר חתימת ההסכם, אתמול

נחתם הסכם לשיתוף פעולה בין ת"א, עזה וברצלונה

מילוא בטקס החתימה בברצלונה: רגשותי מעורבים – מצד אחד תקווה לשלום ומצד שני דאגה מהטרור

מאת שרה צפרוני ועת"ים

ראש העיר תל אביב־יפו, רוני מילוא, חתם אתמול על הסכם לשיתוף פעולה וידידות עם ראשי הערים עזה וברצלונה, בברצלונה. בטקס השתתפו מילוא, ראש העיר עזה, עון שאווה וראש העיר ברצלונה, חואן קלוס מתיו. חברי מועצת העיר מטעם הליכוד מתחו ביקורת על ההסכם, אך כשיובא לאישור מועצת העיר ביום ראשון צפוי שיזכה לרוב גדול.

בטקס אמר מילוא כי הוא חותם על ההסכם ברגשות מעורבים. "מצד אחד התקווה לשלום, ומצד שני דאגה מהטרור שפוגע בתהליך השלום".

מעיריית תל אביב־יפו נמסר כי הסכם שיתוף הפעולה יבוא לידי ביטוי בבניית רשתות קשרים כלכליים, חברתיים ותרבותיים, על מנת לשפר את השירותים המוניציפליים ולשתף את הערים איתן נחתם ההסכם בידע ובניסיון.

יו"ר סיעת הליכוד בתל אביב, איתן סולמי, אמר בתגובה: "רוני מילוא מחבל במאמצי ראש הממשלה למנוע הכרזת מדינה פלשתינית".

"עומק השמאל הקיצוני"

סולמי פנה ליו"ר מועצת העיר, עו"ד מיקי מזר, בתביעה לכנס ישיבת חירום של המועצה, לדיון בהסכם. עוד טען סולמי, "מילוא מנצל את הימים האחרונים לכהונתו כדי לקבוע עובדות פוליטיות ולהתחנף אל השמאל".

דוברת הליכוד מסרה בתגובה: "עזה מהווה מוקד ליצירת חומרי נפץ ולגיוס מתאבדים על ידי חמאס, תוך העלמת עין ומתן אור ירוק על ידי בכירים ברשות הפלשתינית. אך רוני מילוא מעדיף להתעלם מכל אלה רק כדי למקם את עצמו בעומק השמאל הקיצוני".

テルアビブ市とガザ市で姉妹都市協定が結ばれたことを伝える
イスラエル紙「ハーレツ」1998年9月25日付

その記事があります。誰もそのことを話題にしないけれど、今こそ、この記事を思い出さなくてはいけません。25年前に姉妹都市になったのだから、これからだって仲良くできると。

**土井**　そういえば、2014年のイスラエル軍による大規模なガザ侵攻のときに、この戦争はいけないとアメリカのニューヨークタイムズ紙に意見広告を出したのは、ホロコーストのサバイバーたちでしたね。本当にホロコーストの痛みを知っている人は、他の人たちに同じことをしてはいけないという気持ちをもっている。

今回も、アメリカのユダヤ系団体がイスラエルとパレスチナの即時停戦を訴えて、連邦議会議事堂周辺でデモをやりましたね。

**ダニー**　そう。ユダヤ人の中にもそういう人たちが少しずつ出てきています。イスラエルを応援する、だけではなく、平和を望んでいるイスラエルを応援する、と。

**土井**　彼らが言っているのは、ユダヤ人の名前でガザを攻撃しないでほしいということでした。

**ダニー**　アメリカに住んでいるユダヤ人たちは、自分たちがイスラエル建国の苦労を担わなかったことに負い目があって、これまでずっと無条件でイスラエルを応援してきました。でも、もう3世代、4世代目になったでしょう。自分の頭で考えて判断ができるようになってきていると思いますね。

**土井**　イスラエル国内では、ＮＧＯ「沈黙(ちんもく)を破る」を始めとするイスラエルの人権団体が集まって、ネット上で共同声明（⬇116ページ参照）を発表しています。

## イスラエルと日本との橋渡し(はしわた)し

**土井**　最後の質問ですが、日本に住むイスラエル人としてのダニーさんの役割はなんだと思いますか？

**ダニー**　ふたつあります。

ひとつは、イスラエル国内にいては見えないことを、イスラエルに向けて発信すること。もうひとつは、日本人に向けて発信することです。イスラエル人から見ると、日本はイスラエルの方向に向かっているように見えるよ、と。日本は防衛費をあげて、戦闘機(せんとうき)F35やイージス艦(かん)をどんどん買っています。そのうえ憲法９条までなくしてしまったら、本当にイスラエルのようになるよと警鐘(けいしょう)を鳴らしたい。いったん軍事第一の国になってしまうと、そこから抜(ぬ)けるのは大変です。日本はその入り口にいる。止めるなら今です。

# イスラエルの人権団体のメンバーによる共同声明（2023年10月14日）

左記に署名したイスラエルの人権団体のメンバーは、この恐ろしい日々に衝撃と恐怖を覚えています。子ども、女性、お年寄りをふくむ罪のない市民に対するハマスの恐ろしい犯罪は、わたしたち全員を震撼させ、耐えがたい光景と音から立ち直るのに必死です。わたしたちの中には、ハマス襲撃のあいだ、ガザとの国境付近のイスラエル人居住区にいた人たちもいます。わたしたちのうちの多くに、悲惨な出来事をこれまで体験し、いまも渦中にいる家族や友人、同僚たちがいます。わたしたちはみな、殺害され、負傷し、誘拐された人たちを知っています。ハマスの卑劣な攻撃の影響と結果を完全に理解するには時間がかかるにしても、正当化の余地はありません。

わたしたちのチームの大半には、イスラエル人とパレスチナ人の両方がいます。ですから、現在イスラエル軍が攻撃するガザ地区で生活する親戚や同僚がいる人たちもいます。子ども、女性、お年寄りが無差別に攻撃され、どこにも隠れるところがありません。

今でさえも、いや今だからこそ、わたしたちは道徳的で人道的な立場を維持し、絶望や復讐の衝動に屈することを拒否しなくてはいけません。人間の精神とそこに内在する善良さを信じ続けることが、これまで以上に大切です。ひとつだけはっきりしているのは、わたしたちは人間性への信頼を決して放棄しないということです。それがかつてないほど困難な今であってもです。

わたしたちは、罪のない市民を傷つける行為にずっと反対してきました。イスラエルの側では死者の数を数え、負傷し、行方不明となり、人質となった愛する人たちを心配しています。そしてガザの側では、住宅地に爆弾が落とされ、家族全員が殺されて死者を埋葬することもままなりません。この恐ろしいときであっても、イスラエルとガザの両方で、罪のない市民を傷つけることに声を大にして反対することは、わたしたちの責務です。

わたしたちは、すべての人質の即時解放と、イスラエルとガザでの一般市民への攻撃をやめるよう求めます。一般市民には人道援助が届けられなくてはなりません。水や電気などの生活必需品が断たれないようにしなければなりません。医療施設や避難場所の安全が保たれなくてはなりません。そして、失われた者たちを取りもどすことはできません。無差別な破壊と罪のない人びとを傷つける封鎖は、救済や正義、平穏をもたらすことはありません。

人権尊重の取り組みをすすめ、命の神聖さを信じる一人ひとりとして、わたしたちは、無差別に一般市民の生命を奪ったり、インフラを破壊する行為を直ちに停止するよう求めます。ハマスに拘束されている市民を最優先に、人質の解放を実現するために交渉し、あらゆる可能な行動を起こすよう呼びかけます。それが唯一の人道的かつ合理的な道であり、今すぐ行動に移されなければなりません。

暴力に反対する母親たち／Itach Ma'aki 社会正義のための女性弁護士／アムネスティ・インターナショナル・イスラエル／BIMKOM 計画的権利のためのプランナー／B'Tselem／Gisha／イスラエル市民権協会／イスラエルの拷問に反対する市民委員会／子どもの抑留に反対する親たち／ハモケド 個人擁護センター／ザジム コミュニティ・アクション／ハケル 人権擁護のために／イェシュ・ディン／平和のための戦闘員／メハスキム／マクソム・ウォッチ／平和を願う女性たち／イスラエル・パレスチナ紛争研究所アケボト／ともに立つ／イル・アミム／エメク・シャヴェ／ペアレンツ・サークル 家族フォーラム／人権を求めるラビ／人権を守る医師団 イスラエル／沈黙を破る／Torat Tzedek／すべての人のための土地 2つの国家、1つの祖国／平等のためのアカデミア／隣人を自分のように／ケレム・ナヴォット／アザー・ボイス日本人には、イスラエルを反面教師として学んでほしいと思っています。そういう意味でのイスラエルと日本との橋渡し(はしわた)を、日本に住んでいるイスラエル人としてやりたいね。

**土井**　一番フラストレーションを感じるのはなんですか？

**ダニー**　両方からバッシングを受けることかな。

**土井**　ははは。

**ダニー**　日本で講演を始めたころは、イスラエル人に日本のことがわかるのかと言われました。イスラエル人からは、40年も国を離(はな)れて日本に住んでいるくせにイスラエルのことがわかるのかと言われます。たしかに、わたしにはわかっていないことも多い。でもわかっていないなりに、これからも声をあげるつもりでいます。

**土井**　ダニーさんが日本にいる意味は大きいですね。ありがとうございました。

＊対談は２０２３年11月22日におこなわれました。

●著者紹介

ダニー・ネフセタイ

1957年イスラエル生まれ。徴兵制によってイスラエル軍に入隊し、3年間空軍に所属。退役後アジアの旅に出て来日。1988年、埼玉県秩父に移住、家具作家となる。注文家具や木工小物を中心に制作、販売する木工房ナガリ家を夫婦で営みつつ、反戦や反原発を訴える講演を各地でおこなっている。著書に『国のために死ぬのはすばらしい？』（高文研）、『イスラエル軍元兵士が語る非戦論』（集英社新書）。

どうして戦争しちゃいけないの？
元イスラエル兵ダニーさんのお話

2024年3月3日　第1刷発行
2024年10月7日　第2刷発行

著　者　ダニー・ネフセタイ

発行者　岡林信一

発行所　あけび書房株式会社
〒167-0054 東京都杉並区松庵 3-39-13-103
☎ 03-5888-4142　FAX 03-5888-4448
info@akebishobo.com　https://akebishobo.com
印刷・製本／モリモト印刷

ISBN978-4-87154-252-4　C3037

パレスチナとアフガニスタンにかかわって

## 平和に生きる権利は国境を超える

猫塚義夫・清末愛砂著　国際支援活動の基軸として日本国憲法をどのように位置づけるのか。パレスチナとアフガニスタンの支援活動を続ける医師と法学者が、現地訪問の経験から、“平和的生存権”と“法の支配”と、日本人がなすべきことを問う。　1760円

---

平和的生存権の理念と実践

## 医師が診たパレスチナとアフガニスタン

猫塚義夫著　NGO北海道パレスチナ医療団団長として、紛争地域の医療支援・子ども支援を続ける外科医が、日本国憲法の理念「平和的生存権」の実践を日本の私たちに問う。オールカラー。

【推薦】香山リカ　2200円

---

七生養護学校事件と今

## なぜ学校で性教育ができなくなったのか

包括的性教育推進法の制定をめざすネットワーク編　浅井春夫・日暮かをる監修　学校での性教育に大きな影響を与えた「七生養護学校事件」を振り返り、性の多様性、包括的性教育、子どもの権利など現在の課題の原点にある七生事件を振り返る。

【推薦】荻上チキ、山口智美　1760円

---

忍び寄るトンデモの正体

## カルト・オカルト

左巻健男、鈴木エイト、藤倉善郎 編　統一教会、江戸しぐさ、オーリング…。カルト、オカルト、ニセ科学についての論説を収録。それらを信じてしまう心理、科学とオカルトとの関係、たくさんあるニセ科学の中で今も蠢いているものの実態を明らかにする。

2200円